敦煌文書與中古社會經濟
下冊

劉進寶　著

目次

第二章
敦煌寺院與社會生活

第三章
階層與階級

——兼評《敦煌文獻避諱研究》

下冊

第四章

經濟與社會

第一節　晚唐五代的「地子」

　　作為歸義軍賦稅之一的「地子」，學術界已有了一些探討。如姜伯勤先生《一件反映唐初農民抗交「地子」的文書——關於〈牛定相辭〉》[1]，雖主要研究唐前期的「地子」，但對我們探討歸義軍時期的「地子」也有啟發。冷鵬飛先生《唐末沙州歸義軍張氏時期有關百姓受田和賦稅的幾個問題》[2]、雷紹鋒先生《唐末宋初歸義軍時期之「地子」、「地稅」淺論》[3]、陳國燦先生《略論唐五代的各類「地子」及其演

<hr>

[1]　載《考古》1978 年第 3 期。

[2]　載《敦煌學輯刊》1984 年第 1 期。

[3]　載《魏晉南北朝隋唐史資料》第十五輯，武漢大學出版社 1997 年版，第 133-140 頁。

變》[4]、堀敏一先生《中唐以後敦煌地區的稅制》[5]、池田溫先生《論九
世紀敦煌的土地稅役制度》[6]等都對歸義軍時期的「地子」進行了探討。
現在，我們在前賢研究的基礎上，結合傳統史籍與敦煌文獻，對歸義
軍時期的「地子」再作探討。

一、「地子」與地稅

關於唐後期五代的「地子」，姜先生指出：「至於唐代後期以及五
代，即當『兩稅法』成立之後的『地子』已變成兩稅法中『地稅』的
別名，與《牛定相辭》作為『義倉』稅的『地子』的含義不盡相同。」[7]
在這裡，姜先生將「地子」等同於地稅。

一九七九年，法國學者謝和耐發表《敦煌寫本中的一項緩稅請
狀》[8]，通過對 P.3155 號寫本的探討，指出敦煌寫本中的「『地子』是
『地稅』的另一種叫法，意指一種土地收穫稅。」認為「地子」就是「地
稅」。

一九八七年，鮑曉娜發表《唐代「地子」考釋》[9]一文，認為憲宗
元和元年正月制文中的「地子」和敦煌文書《唐天復四年（西元 904）

4　載《中國古代社會研究──慶祝韓國磐先生八十華誕紀念論文集》，廈門大學出版社
　　1998 年版，第 163-182 頁。

5　原載《東亞古代的國家和地區》（唐代史研究會報告第觀集），刀水書房 1999 年版。
　　漢譯文載《敦煌研究》2000 年第 3 期。

6　載《東亞古文書的歷史學研究》（唐代史研究會報告第訓集），刀水書房 1990 年版。

7　姜伯勤：《一件反映唐初農民抗交「地子」的文書──關於〈牛定相辭〉》，載《考古》
　　1978 年第 3 期。

8　〔法〕謝和耐：《敦煌寫本中的一項緩稅請狀》，原載一九七九年日內瓦──巴黎出
　　版的《敦煌學論文集》第一卷。譯文見謝和耐著，耿昇譯：《中國 5-10 世紀的寺院經
　　濟》新版附錄，上海古籍出版社 2004 年版，第 373-375 頁。遺憾的是，筆者在撰寫
　　《從敦煌文書談晚唐五代的「地子」》（載《歷史研究》1996 年第 3 期）、《再論晚唐
　　五代的「地子」》（載《歷史研究》2003 年第 2 期）時未能參閱。

9　載《社會科學戰線》1987 年第 4 期。

買員子租地契》中的「地子」都是指地稅。

通過閱讀敦煌文獻，我們發現晚唐五代，「地子」與地稅雖然有非常密切的關係，但二者之間並不能劃等號。如 P.3214 號背《唐天復七年（西元 907）高加盈出租土地充折欠契》[10]載：

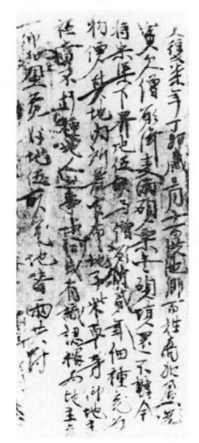

▲ P.3214 背《唐天復七年高加盈出租土地充折欠契》（局部）

10 文書圖版見《法藏敦煌西域文獻》第二十二冊，上海古籍出版社 2002 年版，第 182 頁。錄文見唐耕耦、陸宏基：《敦煌社會經濟文獻真跡釋錄》第二輯，全國圖書館文獻縮微複製中心，1990，第 27 頁。

　　天復柒年丁卯歲三月十一日，洪池鄉百姓高加盈先寅[11]欠僧願濟麥兩碩、粟壹碩，填還不辦。今將宋渠下界地伍畝，與僧願濟貳年佃種，充為物價。其地內所著官布、地子、柴、草等，仰地主祗當[12]，不懺種地人之事。中間或有識認稱為地主者，一仰加盈覓好地伍畝充地替。兩共對

（下缺）

　　從本件文書可知，唐末五代歸義軍時期，其地稅主要包括四個部分，即官布、地子和柴、草等。由此亦可證明，晚唐五代時期的地子，雖然與兩稅法時期的地稅有密切關係，但還不能在地子與地稅之間劃等號。因為據有的學者研究，兩稅法時期的地稅就是指的田畝稅。[13]

　　田畝稅是按地畝征課的，其內容既包括觔斗（糧食），還包括錢帛等。由此可知，地子只是地稅的重要組成部分，地稅的範圍要比地子廣，即不僅包括地子，而且還包括官布、柴、草等。P.3324 號背《唐天復四年（西元 904）衙前押衙兵馬使子弟隨身等狀》[14]中「如若一身，

11　「先寅」，唐耕耦《釋錄》錄為「先負」，沙知《敦煌契約文書輯校》錄為「光寅」。「先」者，前也，「先寅」指前一個寅年。訂立契約的西元九〇七年是丁卯歲，前一年即九〇六年是丙寅歲。「由此可知，原句意謂：高加盈在先寅年（西元 906）欠僧願濟麥兩碩、粟壹碩，不能償還，故於丁卯歲（西元 907）立契，將宋渠下界地五畝給願濟耕種，充抵物價。」張小豔：《敦煌社會經濟文獻詞語論考》，上海人民出版社 2013 年版，第 126 頁。

12　「祗當」即「知當」，「祗」為「知」的音近借字。「知當」為同義連文，「知」猶「當」，即承擔。參閱張湧泉：《〈吐魯番出土文書〉詞語校釋》，載《新疆文物》1990 年第 1 期。

13　參閱張澤咸：《唐五代賦役史草》，第 129 頁。

14　文書圖版見《法藏敦煌西域文獻》第二十三冊，上海古籍出版社 2002 年版，第 191頁。錄文見《釋錄》第二輯，第 450 頁。

余卻官布、地子、烽子、官柴草等大禮（例），餘者知雜役次，並總矜免」的記載，也將官布、地子、官柴草、烽子並列。由此也可說明，地稅中包含有地子，其範圍要比地子廣。另外，有些徭役，如烽子、役夫、渠河口作等也是附著在土地上的，按土地的多少，根據不同年代的不同需要徵發。

雷紹鋒先生認為，歸義軍時期的「地稅」並非「地子」，更不包括「地子」，它們當屬不同類型且無多大連繫的兩種稅目，其中的「地子」是田地稅的一種，它與「官布」、「官柴草」等並列，依一定稅率計畝徵收。而此時期敦煌文書中的「地稅」，如 P.2814 背《歸義軍曹氏時期懸泉鎮百姓某乙等乞請緩收稅債狀稿》中所說「每戶著地稅兩碩伍斗」及 P.3451 號、P.3155 號背文書所說的「地稅」，當為依據田地面積劃定戶等之產物。由於戶稅同土地關係緊密，所以，歸義軍統治下的百姓就徑稱「戶稅」為「地稅」了。簡言之，「地稅」為「戶稅」之變稱，歸義軍時期的地稅為戶稅之代稱，地稅等於戶稅。[15]

隨後，陳國燦先生也著文同意雷紹鋒氏的意見，認為「地稅」是與「地子」完全不同的一種稅目，「地子」是以田畝多少按畝徵收，因之各家的徵收數量均不相同，而「地稅」是按戶徵收，每戶稅額相同。由此看「地稅」實際上是一種戶稅。簡言之，「地子」與「地稅」屬兩稅中的兩種不同構成，不可混同看待。「地子」實為兩稅法下的田畝稅，「地稅」為以戶等高下徵收的兩稅錢，即戶稅，只因歸義軍治下的沙州，銅幣奇缺，多以實物代錢，故按戶徵收的兩稅錢，在這裡也以糧食觔斗來計值。[16]

15　見前揭雷紹鋒：《唐末宋初歸義軍時期之「地子」、「地稅」淺論》，載《魏晉南北朝隋唐史資料》第十五輯，第 133-140 頁。

16　見前揭陳國燦：《略論唐五代的各類「地子」及其演變》，載《中國古代社會研究

認為「地稅」並不包括「地子、布、草」等，而是另外一種稅目即戶稅的學者，主要依據的是 P.3155 背《唐光化三年（西元 900）神沙鄉令狐賢威狀》[17]，現將該文書轉引如下：

神沙鄉百姓令狐賢威

右賢威父祖地壹拾參畝，請在南沙上灌進渠，北臨大河，年年被大河水漂，寸畔不賤（殘）。昨蒙　僕射阿郎給免地稅，伏乞與後給免所著地子、布、草、役夫等，伏請　　公憑，

　栽下　　處分。

光化三年庚申歲十二月二日金光明

需要說明的是，由於本件文書的圖版不大清楚，故各家錄文略有出人，如在「年年被大河水漂」和「寸畔不賤（殘）」之間還有「併入大河」四字，從圖版看，已明顯被抹去，唐耕耦等《敦煌社會經濟文獻真跡釋錄》第二輯第二九三頁收有本件圖版錄文，並加注曰：「『並人大河』似已涂」，故我們的錄文未錄此四字。尤其是一些關鍵性的字詞，如「伏乞與後給免所著地子、布、草、役夫等」中的「免所」二字，唐耕耦錄為「多少」，雷紹鋒錄為「充所」。謝和耐將「給免地稅」錄為「令充地稅」，將「伏乞與後給免所著地子、布、草、役夫等」錄為「伏乞與後給充所著地子布等數夫等」。[18]

　　──慶祝韓國磐先生八十華誕紀念論文集》，第 163-182 頁。

17　文書圖版見《法藏敦煌西域文獻》第二十二冊，第 54 頁。錄文見《釋錄》第二輯，第 293 頁。

18　〔法〕謝和耐：《敦煌寫本中的一項緩稅請狀》，載《中國五至十世紀的寺院經濟》新版附錄，第 373 頁。

　　同時，「伏乞與後」應讀為「伏乞以後」，這是因為在唐五代河西方音中，由於止攝與魚攝混同互通，因此「以」「與」混用。[19]

　　論者多認為，由於令狐賢威祖傳下來的十三畝耕地被河水漂沒，已蒙「僕射阿郎」免去了「地稅」。地稅已免，但還有依地所出的地子、布、草、役夫等，因此才又上狀，請求免除這些由地所出的負擔。由此可見，「地稅」與「地子」是兩種名目，「地稅」並不包括「地子、布、草、役夫」。

　　關於令狐賢威的這一狀文，我們是這樣理解的：一般情況下，每年七八月秋收之時，就應繳納地稅，由於令狐賢威的十三畝耕地被河水漂沒，應該免除這十三畝耕地的地稅。但有關部門並未從戶狀上勾劃掉令狐賢威的這十三畝土地，因此，負責徵收地子、草、柴等的機構，如倉司、草場司、柴場司等，也就要求令狐賢威繳納這十三畝耕地上的地稅。但令狐賢威由於並沒有這十三畝地可耕種，就一直推拖不繳，一直到了年底，即十二月二日，令狐賢威得知：「昨蒙僕射阿郎給免地稅」，即免除了當年（光化三年）的地稅，賢威希望（伏乞）以後（與後）也永久地免除他祖傳下來、被河水所淹沒的十三畝耕地上的地稅，具體來說，就是「地子、布、草、役夫等」，才寫了此狀文。

　　謝和耐氏認為，在賢威的這份請地狀中，還可從側面看出：「在糧食收穫物季節裡，行政當局要向納稅人發出命令其納稅的預告，其中肯定也記載了每塊土地所應繳納的數量」。而「賢威的請狀，肯定是在他剛剛收到納秋收稅的時候，才撰寫的。」[20]

19　參閱邵榮芬：《敦煌俗文學中的別字異文和唐五代西北方音》，載《中國語文》1963年第 3 期；鄧文寬：《敦煌邈真贊中的唐五代河西方音通假字例釋》，載《出土文獻研究》第七輯，上海古籍出版社 2005 年版，第 310-314 頁。

20　〔法〕謝和耐：《敦煌寫本中的一項緩稅請狀》，載《中國五至十世紀的寺院經濟》

　　為何令狐賢威上狀不直接要求免除地稅，而要具體為「地子、布、草、役夫」呢？前已述及，地稅主要包括地子、官布、柴、草等，此外還有一些附著於土地上的勞役，如烽子、渠河口作及其他役夫等。地稅所包含的這些內容，並非任何時間都全部繳納和徵發，而是根據不同的情況和需要，進行徵收或徵發。如烽子需輪流上烽；渠河口作，也是當需要修治水渠時才徵發；刺柴，也是根據需要由「刺頭」、「枝頭」帶領去砍伐或刈割。而有關部門在光化三年給令狐賢威這十三畝耕地所劃定的地稅繳納內容為「地子、布、草、役夫」，故令狐賢威上狀要求所免的就不能籠統稱為地稅，而是上級給他下達的具體內容，即地子、布、草、役夫。明乎此，我們就可以得出結論，地稅包括地子、官布、柴、草等，即地稅是大概念，地子是小概念，但並非是兩種不同名目的稅種。

　　如果將地稅理解為戶稅，地子就是地稅的話，那就會得出如下結論：即令狐賢威由於耕地被河水漂沒，便免除了其戶稅，而被河水漂沒之土地上的地稅反而依然存在，這在任何時代都是無法解釋的。

　　沒有了耕地，就該免除地稅，這在 P.3501 背《後周顯德五年（西元 958）押衙安員進等牒》第五件文書中[21]也有反映：

平康鄉百姓菜_{幸深}

　　右_{幸深}有地壹戶子計額請在南沙上灌進渠地壹頃參拾畝。去三月官中開河道，用地拾畝，至今未有支替。伏乞令公鴻造，特賜矜免地稅，伏請處分。

新版附錄，第 375 頁。

21　文書圖版見《法藏敦煌西域文獻》第二十四冊，上海古籍出版社 2002 年版，第 365 頁。錄文見《釋錄》第二輯，第 303 頁。

　　本件文書明確記載，菜幸深的十畝耕地因官府開河被使用後，菜幸深所要求的只是「矜免地稅」。為何這裡所要求免除的是籠統的「地稅」，而沒有具體內容？就是因官府使用其耕地後，還未下達其地稅應繳納和徵發的內容，故只上書要求「矜免地稅」。

　　我們說地稅的範圍廣，除土地上的收穫物地子（斛斗）外，還有草，另外還有附著於土地上的官布、柴及烽子等。因此，當遇到意外的情況時，官府有時只免除其中的一部分，並不是整個地稅。如 P.3193 號背《年代未詳有關土地稅收糾紛牒及判》[22]曰：

（前缺）

1. ▢▢▢新城南，請受地六十畝
2. ▢▢▢遂共同鄉百姓張海全
3. ▢▢▢▢皆總吃卻，升合
4. ▢▢冬糧顆粒並無交▢
5. ▢▢▢▢▢歲地子始免
6. ▢▢裁下處分

（下略）

　　本件文書雖然殘缺較多，但從其內容可以推測：某百姓請受地六十畝後，由於某種原因，或人手少，或由於貧窮，沒有耕牛等，遂與同鄉百姓張海全共同耕種，但由於文書殘缺，不知遇到了什麼災難，便上牒要求免除當年的「地子」。由此亦可證明，地子的範圍比地稅

22　文書圖版見《法藏敦煌西域文獻》第二十二冊，第118頁。錄文見《釋錄》第二輯，第316頁。

小，只是土地上的收穫物－糧食。

　　歸義軍時期「地子」的內容，應是吐蕃占領敦煌時期賦稅制度的延續。如 P.2858 號背《酉年（西元 829？）二月十三日索海朝租地帖》[23]曰：

　　索海朝租僧善惠城西陰安渠地兩突，每年價麥捌漢碩，仰海朝八月末已前依數填還了。如違不還，及有欠少不充，任將此帖掣奪家資，用充麥直。其每年地子，三分內二分亦同分付。酉年二月十三日索海朝立帖。身或東西不在，仰保填還。（下略）

　　這裡的「每年地子」，自然是每年土地上的收穫物——糧食。其中的「三分內二分亦同分付」，據筆者理解，應是所納地子的三分之二，由租佃人索海朝負擔，另三分之一由土地所有者僧善惠負擔。關於吐蕃時期的「地子」徵納，S.5822《楊慶界寅年地子歷》[24]有明確記載，現轉引如下：

　　楊慶界寅年地子歷

　　青麥肆馱半玖斗，小麥肆拾馱貳斗，粟柒馱伍斗，糜兩馱，豆肆馱半伍斗，計伍拾玖馱壹斗。

　　曹興國小貳斗。徐游岩粟貳斗。田福子小半馱貳斗。杜邕小陸斗，豆壹斗，粟五斗。趙隆隆小陸斗。王光俊小半馱伍斗，青伍斗，

23　文書圖版見《法藏敦煌西域文獻》第十九冊，上海古籍出版社 2001 年版，第 146 頁。錄文見《釋錄》第二輯，第 23 頁。

24　文書圖版見《英藏敦煌文獻（漢文佛經以外部分）》第九卷，四川人民出版社 1994 年版，第 166 頁。錄文見《釋錄》第二輯，第 407 頁。

粟半馱伍斗。董元忠青貳斗，小半馱貳斗。王孝義小伍斗，豆壹斗。
吳瓊小半馱，豆伍斗。曹進玉（後缺）

　　據池田溫先生研究：「突稅是對突田的田地所課的穀物稅，或即土
地稅。」[25]姜伯勤先生指出，吐蕃時期的「地子」就是「突稅」的漢稱。
這是沿用了兩稅制改革前夜以「地子」稱「地稅」的成法。[26]陳國燦先
生亦認為：「這種據畝徵收的土地稅，當與唐地稅相似，民間亦有將其
徑稱為『地子』者。」[27]「突稅」或稱為突課，它是地稅中繳納糧食的
部分。因為地稅除「地子」即繳納「突稅」外，還有其他差科，相當
于歸義軍時期的柴、烽子等。如 P.3774 號《丑年（西元 821）十二月沙
州僧龍藏牒》[28]第二十七行載：「齊周身充將頭，當戶突稅差科並無」，
即在齊周充當將頭的幾年內，免除了其突稅差科。這裡的「突稅」相
當於「地子」，「差科」就是附著於土地上的力役，主要有身役、知更、
遠使等。

　　《唐會要》卷八十八《倉及常平倉》載：「元和元年正月制……應
天下州府，每年所稅地子數內，宜十分取二分，均充常平倉及義倉。」[29]
從元和制文中可知，唐前期作為義倉稅的「地子」，已演變為唐後期地
稅中的「地子」了。作為地稅中的「地子」自不能和作為義倉稅的「地

25　〔日〕池田溫：《論九世紀敦煌的土地稅役制度》，載《東亞古文書的歷史學研究》（唐
　　代史研究會報告第 VII 集）。

26　姜伯勤：《上海藏本敦煌所出河西支度營田使文書研究》，載《敦煌吐魯番文獻研究
　　論集》第二輯，北京大學出版社 1983 年版，第 344-345 頁。

27　陳國燦：《略論唐五代的各類「地子」及其演變》。

28　文書圖版見《法藏敦煌西域文獻》第二十八冊，上海古籍出版社 2004 年版，第 10-11
　　頁。錄文見《釋錄》第二輯，第 283-286 頁。

29　《唐會要》卷八十八《倉及常平倉》，第 1615 頁。

子」相提並論，但也不能在地稅和「地子」之間劃等號。因為地稅中既包括「地子」（觔斗），也包括錢、帛等等。

二、「地子」的徵納方式

上面我們討論了「地子」一詞與地稅的連繫與區別，下面我們再看看「地子」的徵納方式。

唐前期的地稅，是據地出稅的。唐後期，作為地稅重要組成部分的「地子」，也應是據地出稅的，可惜史書中沒有明確的記載，而敦煌文書則提供了明確的證據，如 P.3451 號《甲午年（西元 994）洪潤鄉百姓氾慶子請理枉屈狀》[30]曰：

洪潤鄉百姓氾慶子

伏以慶子去癸巳年，於遠田為羣牛主，共人戶唐奴子合種。秋收之時，先量地子，後總停分，一無升合交加。是他怠慢，不納地稅王宅，官奪將慶子家資刀一口，□□追尋不得，理當有屈，枉劫貧流，伏望□□□阿郎鴻慈，詳照枉劫之理。伏請處分。

五日

從氾慶子的這一狀文可知，唐奴子出地，氾慶子出牛併負責耕種，即唐奴子是地的主人。因為「地子」是據地出稅，即在戶狀上土地屬誰，就由誰繳納「地子」。因此，「秋收之時，先量地子」，即先將應繳納的賦稅——「地子」量出，然後才「停分」即平均分配，誰也沒有多占一升一合。由於唐奴子是地的主人，應尤其繳納「地子」，故

---

30 文書圖版見《法藏敦煌西域文獻》第二十四冊，第 256 頁。錄文見《釋錄》第二輯，第 320 頁。

分配前量出的「地子」就由唐奴子保管、繳納，但由於唐奴子「怠慢，不納地稅」，即到了繳納地稅的最後期限時，唐奴子還沒有繳納。可能由於唐奴子做了手腳，或對官府說，其地是與氾慶子共有；或由於其地購買或請射後，還未過戶狀（戶狀並非隨時可改，必須要到官府更改的時候才能填補新的內容。有時可能幾年後才能改動），因此，官府就追究土地的耕種者氾慶子，並將其家資「刀一口」奪去。氾慶子認為，他本人只是作為「牛主」與唐奴子共同耕種某一段地，而地的主人是唐奴子。根據歸義軍政權的法律，「地子」是由地主繳納的，況且，秋收之時，已將「地子」量出，由唐奴子負責繳納，而現在官府卻將氾慶子的家資奪去。他認為「理當有屈」，因此便上狀歸義軍政權最高當局，要求「詳照枉劫之理」，並給予「處分」。

通過對這一狀文的分析，可以得知，「地子」是據地徵收的。

在封建社會，農民常常租種官府或地主的土地。就是農民本人，由於意外的災難或創傷，也常常把自己的部分，甚至全部土地租給別人耕種。在這種情況下，作為地稅重要組成部分的「地子」，由誰交納呢？是土地擁有者（地主），還是租耕人交納呢？對此史書沒有明確的記載，而敦煌文書為我們提供了明確的答案。如 S.3905 背《年代不詳奴子租口分地與王粉堆契抄》[31]云：

1. 奴子為闕少所須，遂將口分孟受南支渠地壹畦柒畝租與
2. 同鄉百姓王粉堆壹週年，限斷作價值兩碩五斗，內
3. 參貳分，粟壹分。其□□□當日交相分付訖，一無

31　文書圖版見《英藏敦煌文獻》第五卷，四川人民出版社 1992 年版，第 199 頁。錄文見沙知：《敦煌契約文書輯校》，第 332 頁。

4. 懸欠。其地內所□□作草、布、地子、差科

5. □物，一仰本地主□□，不懺王粉堆之事。

6. □完已後，不許休□□罰□卷石，充入不

7. □（悔）之人。恐人無信，□□用後憑檢（驗）。

　　雖然本件文書殘破不全，但其內容基本完整，即奴子因家庭困難，將其土地七畝出租與王粉堆耕種一年，租價為兩石五斗。出租以後，其地應納地子、布、草、差科等，仍由土地擁有者奴子承擔，「不懺王粉堆之事」。另如？.3214 背《唐天復七年（西元 907）高加盈出租土地充折欠債契》[32]明確提出，土地租佃後，「其地內所著官布、地子、柴、草等，仰地主祗當，不懺種地人之事」。

　　關於據地交納「地子」，在敦煌文獻中還能找到一些證據。如 S.3877 背《唐天復九年（西元 909）安力子賣地契》[33]，乃是「洪潤鄉百姓安力子及男揭等，為緣闕少用度，遂將今戶口分地出賣與同鄉百姓令狐進通」，並規定：「自賣已後，其地永任進通男子孫息侄，世世為主記。中間或有回換戶狀之次，任進通抽入戶內。

　　地內所著差稅河作，隨地祗當。」再如 P.3257《甲午年（西元 934）二月十九日索義成分付與兄懷義佃種憑》[34]記載：「甲午年二月十九日，索義成身著瓜州，所有父祖口分地參拾貳畝，分付與兄索懷義佃種。比至義成到沙州得來日，所著官司諸雜烽子、官柴草等小大稅

32 文書圖版見《法藏敦煌西域文獻》第二十二冊，第 182 頁。錄文見《釋錄》第二輯，第 27 頁。

33 文書圖版見《英藏敦煌文獻（漢文佛經以外部分）》第五卷，第 191 頁。錄文見《釋錄》第二輯，第 8 頁。

34 文書圖版見《法藏敦煌西域文獻》第二十二冊，第 317 頁。錄文見《釋錄》第二輯，第 29 頁。

役，並總兄懷義應料，一任施功佃種。若收得麥粟，任自兄收，顆粒亦不論説。義成若得沙州來者，卻收本地。渠河口作税役，不懺□兄之事。」

　　從上所論可知，歸義軍時期，土地的出租是個體農民之間的私事，政府並不多加干預。政府所關注的主要是賦税徵收，而土地在戶籍上屬誰，即在政府的檔案中土地屬誰，政府就向誰徵收地子。即使在土地出租以後，地子也只是土地所有者（即地主）承擔，租佃人只向所有者（即地主）負擔租價。

　　歸義軍時期，敦煌土地租佃中由地主承擔賦税的情況，遠在麴氏高昌到唐西州時期的吐魯番文書中也有相似的反映，現舉例説明如下：

　　《高昌延昌二十四年（西元 584）道人智買夏[35]田券》[36]曰：智買租種別人的常田一畝，租價為「銀錢五文」，契中約定：「秇（貰）租百役，更（耕）田人悉不知；渠破水（謫），田主不知。」[37]

　　《高昌某人從寺主智演邊夏田券》[38]乃某人從寺主智演處租種常田

35　蔣禮鴻主編：《敦煌文獻語言詞典》釋文曰：夏，通「假」，租賃。《釋名·釋天》：「夏，假也"。「夏」、「假」二字古通用。同時還引用吐魯番文書作了説明。杭州大學出版社 1994 年版，第 341 頁。

36　《吐魯番出土文書》錄文本第五冊，第 154 頁；圖錄本第二冊，第 250 頁。

37　謫，同謫。據朱雷解釋：在麴氏高昌立國到唐代之西州時期，但凡土地租佃契約中，除規定佃戶交租外，皆有一項規定有關用水澆灌的責任，即「渠破水謫，仰耕田人了」。由於租佃人取得所耕地，就應保證該段土地之渠道的完整。若有損壞，因渠水流散，所造成損失，官中必然要責罰。「謫」字，諸字書所引諸類古籍，皆作「責」、「罰也」。參閱朱雷：《P.3964 號文書〈乙未年趙僧子典兒契〉中所見的「地水」》，載同氏《敦煌吐魯番文書論叢》，甘肅人民出版社 2000 年版，第 325 頁。「知」為管、承擔之義，「不知」即不管、不承擔。參閱張湧泉：《〈吐魯番出土文書〉詞語校釋》，載《新疆文物》1990 年第 1 期。

38　《吐魯番出土文書》錄文本第五冊，第 159 頁；圖錄本第二冊，第 252 頁。

三畝的契約，其租價為「小麥貳（斛）五斗」，並規定：「若渠破水（謫），仰耕田〔人〕了，若紫（貲）租百役，仰寺主了。」

《唐貞觀二十二年（西元648）索善奴佃田契》[39]是索善奴租佃別人土地的契約。該契約規定，索善奴租種土地，除付給地主租價外，「田中租課，仰田主；若有渠破水謫，仰佃」。雖然該件文書殘缺，但內容仍完整，即租佃的土地，其應繳納的賦稅由田主承擔。

《唐貞觀二十三年（西元649）傅阿歡夏田契》[40]曰：武城鄉人傅阿歡租佃范酉隆常田貳畝，租價為銀價十六文。契中約定：「田中租殊（輸）佰（百）役，仰田主承了[41]；渠□□謫，仰傅自承了。」從該契可知，租種土地有租價，而隨土地繳納的賦役，則由田主承擔。

《唐永徽二年（西元651）孫客仁夏田契》[42]也規定，租佃的土地，「租殊（輸）伯（百）役，仰田主了；渠破水謫，仰佃田人了」。

《唐龍朔元年（西元661）孫沙彌子夏田契》[43]為武城鄉人孫沙彌子租種順義鄉人李虎祐常田貳畝的租佃契，其租價為麥，契約規定：「祖（租）殊（輸）佰（百）役，仰田主了；渠破水□，仰更（耕）田仁（人）承當。」

從以上所引吐魯番文書可知，從麴氏高昌到唐代西州，所有土地租佃契中，承佃人都要向田主交納租價（錢或糧食）。另外，還明確規定：「租輸百役，仰田主承了；渠破水謫，仰耕田人承了。」即據地交納的賦役，由土地擁有者承擔。這與歸義軍時期土地租佃契中的約定

39　《吐魯番出土文書》錄文本第五冊，第18-19頁；圖錄本第二冊，第177頁。

40　《吐魯番出土文書》錄文本第五冊，第76-77頁；圖錄本第二冊，第207頁。

41　「承了」義與「知」同，即管、承擔之義。

42　《吐魯番出土文書》錄文本第五冊，第20頁；圖錄本第二冊，第178頁。

43　《吐魯番出土文書》錄文本第五冊，第87頁；圖錄本第二冊，第213頁。

「其地內所著官布、地子、柴、草等，仰地主祗當，不忏種地人之事」是一脈相承的。

同在西北偏遠地區的吐魯番，早在麴氏高昌時期，其「田賦是計田輸租，徭役是計田承役」。當民戶的田地出租時，「佃田人只向田主交納地租，其他全不管，國家賦役由田主承擔。」[44]

不僅佃田契中如此規定，就是佃菜園契中也是這樣規定的，如《唐某人佃菜園殘契》[45]規定：「租殊（輸）伯役，壹仰菜園主承了；渠破水讁，仰佃菜人承了。」

《唐龍朔元年（西元 661）左憧熹夏菜園契》[46]規定：「園中渠破水讁，仰治園人了；祖（租）殊（輸）伯役，仰園主了。」

《唐總章三年（西元 670）左憧熹夏菜園契》[47]曰：「祖（租）殊（輸）伯役，仰園主；渠破水讁，仰佃人當。」

當然由於特殊的情況，在土地租佃契中，也有由佃地人承擔地子的，如敦煌文書 P.3155 背《唐天復四年（西元 904）令狐法性出租土地契》[48]載：

天復四年歲次甲子捌月拾柒日立契，神沙鄉百姓僧令狐法性，有口分地兩畦捌畝，請在孟受陽員渠下界。為要物色用度，遂將前件地捌畝，遂共同鄉鄰近百姓賈員子商量，取員子上好生絹壹匹，長□□□

44　程喜霖：《吐魯番文書中所見的麴氏高昌的計田輸租與計田承役》，載《出土文獻研究》，文物出版社 1985 年版，第 172 頁。

45　《吐魯番出土文書》錄文本第六冊，第 584 頁；圖錄本第三冊，第 296 頁。

46　《吐魯番出土文書》錄文本第六冊，第 406 頁；圖錄本第三冊，第 210 頁。

47　《吐魯番出土文書》錄文本第六冊，第 428 頁；圖錄本第三冊，第 222 頁。

48　文書圖版見《法藏敦煌西域文獻》第二十二冊，第 53 頁。錄文見《釋錄》第二輯，第 26 頁。

；捌綜壹匹，長貳仗（丈）五尺。其前件地，祖（租）與員子貳拾貳年佃種，從今乙丑年至後丙戌年末，卻付本地主。其地內，除地子一色，余有所著差稅，一仰地主祗當。地子逐年於官，員子逞納。渠河口作，兩家各支半。從今已後，若有恩赦行下，亦不在論說之限。更〔有〕親姻及別〔人〕稱認主記者，一仰保人祗當，鄰近覓上好地充替。一定已後，兩共對面平章，更不休悔。如先悔者，罰□□□納入官。恐後無憑，立此憑驗。

地主僧令狐法姓（性）

見人吳賢信

見人宋員住

見人都司判官氾恆世

見人衙內判官陰再盈

見人押衙張

都虞侯盧

據本件文書記載，令狐法性將其口分地捌畝租與賈員子耕種二十二年。在賈員子耕種的二十二年中，「其地內，除地子一色，余有所著差稅，一仰地主祗當」，並明確規定：「地子逐年於官，員子逞納。」在這裡，「地子」又是由租佃人交納的。這一結論，似乎與「據地稅子」的原則不一致。這種由租佃人繳納地子的情況，並不符合國家法令，而是土地擁有者和耕種者「私勒契書」的個別事例。第一，令狐法性出租土地是先取賈員子的絹、繰，而非以後交租；第二，租期為二十二年，年限過長，在敦煌租佃契中，還從未見過這樣長時間的租期；第三，「渠河口作」由「地主」和「佃人」各支半。所以，「地子」由租佃人交，而非由土地所有者交納。這是一種特殊情況下的「典押」，

而非正常情況下的租佃關係。因為據大中四年（西元 850）制文規定：
「又青苗兩稅，本系田土。地既屬人，稅合隨去。從前赦令，累有申
明。豪富之家，尚不恭守，皆是承其急切，私勒契書。自今已後，勒
州縣切加覺察，如有此色，須議痛懲。」[49]從大中四年制文可知，按規
定「地既屬人，稅合隨去」，即應由土地擁有者承擔地子。

三、「地子」的稅率

關於「地子」的徵納稅率，史籍文獻沒有明確記載。但從各種文
獻的字裡行間分析，地稅中的「地子」的確是有一定稅率的。

穆宗長慶初年，同州刺史元稹針對「百姓稅額已定，皆是虛額徵
率」，即貧民失去了土地仍要依舊課稅。為此他採取了均稅措施，令
「百姓自通手實狀」，又派裡正、書手等加以審核，除逃荒及沙掩等地
外，「其餘見定頃畝，然取兩稅元額地數，通計七縣沃瘠，一例作分抽
稅」。[50]這是根據土地買賣、田地換主的現實情況，重新審定各戶頃畝
數，兼顧土地肥瘠等情況，新定田稅額。長慶四年（西元 824）三月敕
稱，今後「州府所申戶帳及墾田頃畝，宜據見徵稅案為定後，與戶部
類會，具單數聞奏」。[51]由此可見，各地徵稅的確是有一定稅額為依據
的。[52]

這個稅額，就是大曆十四年（西元 779）各地的徵稅數，如陸贄
《均節賦稅恤百姓六條》其一「論兩稅之弊須有釐革」條云：「復以創

49　《唐會要》卷八十四《租稅下》，第 1829 頁。

50　（唐）元稹撰，冀勤點校：《元稹集》卷三十八《同州奏均田狀》，中華書局 1982 年
　　版，第 435 頁。

51　《冊府元龜》卷九十《帝王部九十‧赦宥九》，第 1080 頁。

52　參閱張澤咸：《論田畝稅在唐五代兩稅法中的地位》，載《中國經濟史研究》1986 年
　　第 1 期。

制之首，不務齊平，但令本道本州各依舊額徵稅。」[53]《通典》卷六《食貨六·賦稅下》載：建中元年（西元 780）制定兩稅法時，就規定兩稅「其應稅斛斗，據大曆十四年見佃青苗地額均稅」。[54]《舊唐書·食貨志》也說：兩稅之「田畝之稅，率以大曆十四年墾數為準。」[55]

據《唐會要》卷八十四《租稅下》載：「開成二年（西元 837）二月敕節文，諸州府或遇水旱，有欠稅額，合供錢物斛斗」；「會昌元年（西元 841）正月制，租斂有常，王制斯具。征率無藝，齊民何依？內外諸州府百姓，所種田苗，率稅斛斗，素有定額。如聞近年長吏，不守法制，分外徵求，……自今已後，州縣每縣所征科斛斗，一切依額為定，不得隨年檢責。」[56]這些制文說明，「地子」是有一定定額的，既不能隨年增加，更不許「分外徵求。」

五代後梁開平三年（西元 909）八月規定：「今歲秋田，皆期大稔，仰所在切如條流本分納稅及加耗外，勿令更有科索。」[57]這裡的「切如條流本分納稅」，就是地稅有個定額。後唐天成元年（西元 926）四月敕節文：「應納夏秋稅子，先有省耗，每鬥一升，今後止納正稅數，不量省耗。」[58]從「止納正稅數」可知，地稅是有定額的。後唐天成三年（西元 928）正月敕：「諸道秋、夏苗，只取天成二年舊額徵理。」[59]天成四年（西元 929）規定：「百姓今年夏苗，委人戶自通供手狀，具頃

53　（唐）陸贄撰，王素點校：《陸贄集》卷二十二《均節賦稅恤百姓六條》，中華書局2004 年版，第 723-724 頁。

54　（唐）杜佑撰，王文錦等點校：《通典》卷六《食貨六·賦稅下》，第 108 頁。

55　《舊唐書》卷四十八《食貨志上》，第 2093 頁。

56　《唐會要》卷八十四《租稅下》，第 1542-1543 頁。

57　《舊五代史》卷四《後梁太祖紀》，第 72 頁。

58　（宋）王溥：《五代會要》卷二十五《租稅》，第 400 頁。

59　《冊府元龜》卷四百八十八《邦計部六·賦稅二》，第 5840 頁。

畝多少，五家為保，委無隱漏，攢連手狀送於本州，本州具狀送省，州縣不得迭差人檢括。如人戶隱欺，許令陳告，其田倍令並徵。」[60]後唐的人戶手狀即手實，雖然主要是申報土地頃畝，但其最終目的，還是為了徵納地稅，並可推知，地稅是按畝徵收，並有一定稅率的。

後漢乾祐三年（西元950）有人上書云：「竊以久不檢田，且仍舊額。」[61]後周世宗聲稱：「朕以近代已來，賦租不等，貧者抱虛而無告，富者廣植以不言，州縣以舊額為規，官吏以相承為準，須行均定，用致蘇舒。」[62]從「且仍舊額」、「舊額為規」可知，歷代徵收地稅都是有定額的。

由於兩稅法時期的田畝稅在全國沒有統一的稅額，[63]那麼，作為田畝稅重要內容的「地子」也不可能有統一的稅率。下面我們僅僅根據敦煌文書的零星記載，以敦煌地區為例，對「地子」徵收稅率略作初步探討。S.2214《年代不明納支黃麻地子歷》[64]共存23行，現將有關部分錄文如下：

（前缺）

黃麻官計十一馱半二斗，外支設司一馱。

（中間略，不錄）

蘇賢賢五畝；張郎郎八十畝，納在本戶腳下；張颭颮卅畝，納粟

60　《舊五代史》卷一百四十六《食貨志》，第1946頁。

61　《冊府元龜》卷四百九十五《邦計部十三・田制》，第5933頁。

62　《冊府元龜》卷一百五十八《帝王部・誡勵三》，第1916頁。

63　參閱張澤咸：《論田畝稅在唐五代兩稅法中的地位》，載《中國經濟史研究》1986年第1期。

64　文書圖版見《英藏敦煌文獻（漢文佛經以外部分）》第四卷，四川人民出版社1991年版，第45-46頁。錄文見《釋錄》第二輯，第421-422頁。

一石四斗五升；郝章什卅畝，納麥壹石三斗，粟壹碩柒斗足；孟什德卅畝，在當戶腳下納了；孟安安卅畝，納粟壹碩六斗，在當戶腳下；唐孝敦廿畝，白游弈粟兩石；曹三郎廿七畝，王虞候納粟一石四斗；索力力廿畝，索諸兒種，納粟壹石玖斗。

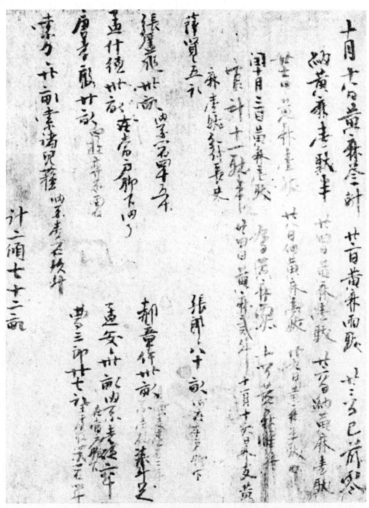

▲ S.2214《年代不明納支黃麻地子歷》（局部）

計二頃七十二畝

（下略）

該文書背面還有五行，即

十月廿八日貸便粟四馱，入地子數內。
付信通、郝苟苟粟兩石二斗。
　　　黃麻地畝數目
石判官、吳安吉地子三馱，貸便半馱。氾倉曹地子一馱，貸便一馱。
高師兩馱_{吳判官}。田悉尯尯地子一馱，貸便一馱。

　　本件文書帶有濃厚的吐蕃色彩，如吐蕃時期的量詞「馱」的多次使用等。但「設司」又是歸義軍的機構，另如「白游弈」、「王虞候」、「石判官」、「吳判官」等，也是歸義軍時期的職官名稱，由此估計，該件可能屬於張氏歸義軍早期的文書。

　　本件文書所記五戶交納「地子」的種類，只有一戶是麥、粟並納，其餘四戶都是只納粟，沒有麥，更沒有麻。其納稅率，每畝納麥約四點三升，每畝納粟則大都在五升上下，只有一戶較高，每畝九點五升。而唐孝敦二十畝地共納兩石；郝章仵的三十畝，納麥一點三石、納粟一點七石，合計也是三石。據此推測，歸義軍政權早期，其地子率是麥粟合計每畝一斗。

　　關於交納「地子」的文書，在俄羅斯科學院東方學研究所收藏的

敦煌文書中也有部分記載，如 Дx.1453（a）《丙寅年八月二十四日關倉見納地子歷》[65]載：

丙寅年八月廿四日關倉見納地子

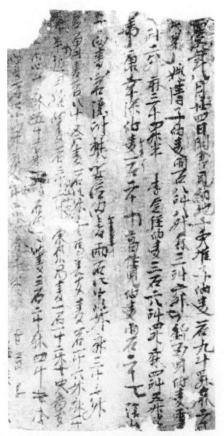

▲ Дx.1453《丙寅年八月二十四日關倉見納地子歷》（局部）

65　文書圖版見《俄藏敦煌文獻》第八冊，上海古籍出版社 1997 年版，第 180 頁。錄文見〔俄〕丘古耶夫斯基著，王克孝譯：《敦煌漢文文書》，上海古籍出版社 2000 年版，第 110 頁；又見《釋錄》第二輯，第 423 頁。

　　史堆子納麥一石九斗四升，麻二鬥□升半（押）。姚清子納麥兩石八斗八升，麻三斗六升（押）。劉苟兒納麥兩石□斗六升，麻三斗四升半。李定住納麥三石六斗四升，麻四斗五升半。康幸深納麥一石二斗，欠麥一斗（押）。高住兒納麥兩石二斗（押）。陰山子納麥四石陸斗。樊安信納麥兩石八斗八升，欠麥三斗，麻三斗六升。石富通麥一石八斗，又戶麥一石八升（押）。馬善友麥一石一斗六升，麻一斗□升半（押）。趙丑〔達〕納麥一石三斗六升，麻一斗七升。索願昌麥一石一斗二升（押）。史章友納麥一石四斗，麻五斗□升（押）。石通子納麥三石二斗，麻四斗（押）。李□住納麥一石七斗四升，麻□斗三升

　　　　　　　　　　（下缺）

　　整理這份文書的丘古耶夫斯基認為，這是一份有關據地畝面積出稅的文書。「這件寫本的年代是丙寅年，毫無疑問應是西元九六六年，因為所載的三個納稅人名字我們在同這一年代相近的文書中也遇到過。其中兩人陰山子和石富通在西元九五八年的 P.3379 寫本和大約同一年編制的 Дx.2149b 寫本中也有記載。Дx.2149b 寫本我們認為是莫高鄉欠稅人名目，也有高住兒的名字，本件裡記有他納麥二石二斗。可惜的是缺少各地段交納何種農作物稅的資料，因而無法推算出稅率。」[66]日本學者堀敏一認為，本件與其他記載著有關應交小麥、麻等稅率的地子籍相一致，它是核實向官倉交納地子數額的簿籍，記錄了倉吏從農民那裡實際受納的地子數額，並帶有納稅者的印記。[67]

　　本件文書中沒有納粟，全是納麥、麻的記錄。但在俄藏 Дx.1453

<hr />

66　《敦煌漢文文書》，第 110 頁。

67　〔日〕堀敏一：《中唐以後敦煌稅法的變化》，載《中國社會經濟史研究》1990 年第 1 期。

（b）《地子歷》[68]中卻有納麥、粟、麻的記載：

　　杜盈粟一斗。胡家地子麥兩石二斗五升，粟一石二斗五升。□□
納麻三石六斗。史什子□□麥一石五斗，納地子麥七石一斗二升。□
郎君粟一斗付再盈麥三石，龍盈德粟□□□
　　　　　　　　　　　（下殘）

　　丘古耶夫斯基整理本件文書後寫道：「這件文書的編制時間大概也
應是西元九六六年」。「寫本左半截（即我們這裡所引文書）可能是此
文書正面（即前引 Дx，1453a）見納地子歷的延續。寫本右半截除記載
糧食數量外，還有新的內容，即指出每人的土地數」。[69]
　　這些文書，雖然記載了交納麥、粟、麻的大略情況，但還無法得
知據地交納「地子」的確切稅率。
　　在 S.4060 背《己酉年（西元 949）二月十四日龍良晟等便麥豆歷》[70]
後有一段類似交納「地子」的記載，即：

　　再升地五十三畝半，著粟一石九斗。兵馬使地六十二畝，著粟兩
石二斗。保實地四十二畝，著粟一石五斗。S.4060 背還有一段文字，錄
文如下：[71]
　　大郎子六十四隻，〔丘〕□養七十六隻，保實五十一隻，押衙七十

68　文書圖版見《俄藏敦煌文獻》第八冊，第 180 頁。錄文見《敦煌漢文文書》，第 111
　　頁；又見《釋錄》第二輯，第 424 頁。
69　《敦煌漢文文書》，第 111 頁。
70　文書圖版見《英藏敦煌文獻（漢文佛經以外部分）》第五卷，四川人民出版社 1992
　　年版，第 237 頁。文書錄文見《釋錄》第二輯，第 226 頁。
71　文書圖版見《英藏敦煌文獻（漢文佛經以外部分）》第五卷，第 238 頁。

隻，慶宗四十六隻。

　　屍都額一頃五十七畝半。大郎子五十三畝半，著粟一石六斗二升半。兵馬使地六十二畝半，兩石七升。保實四十二畝，粟一石四斗七升。

　　我們通過對以上三戶田畝數與交納粟的數量換算，得知每畝納粟約三點五升，但沒有記載納麥和麻的情況。

　　關於「地子」稅率比較詳細的資料，目前所見為 S.8655《歸義軍時期王道員等戶地子籍》[72]，該件文書首尾俱殘，現存六行：

　　戶王道員，受田陸拾貳畝半，納麥兩石五斗，粟兩石一斗八升七合半，麻三斗一升兩合半。

　　戶鄧義成，受田拾柒畝，納麥六斗八升，粟五斗九升半，麻八升半。

　　戶王進員，受田貳拾貳畝，納麥八斗八升，粟七斗七升，麻一斗一升。

　　戶王頂定，受田一頃拾貳畝，納麥四石四斗八升，粟三石九斗六升，麻五斗六升。

72　文書圖版見《英藏敦煌文獻（漢文佛經以外部分）》第十二卷，四川人民出版社 1995 年版，第 174 頁，編者定名為《王道員、鄧義成等戶地子籍》。錄文引自〔日〕堀敏一：《中唐以後敦煌稅法的變化》，載《中國社會經濟史研究》1990 年第 1 期。標題取自榮新江：《英國圖書館藏敦煌漢文非佛教文獻殘卷目錄（S・6981-13624）》，（臺北）新文豐出版公司 1994 年版，第 104 頁。據榮新江目錄稱：「田義信」名下有硃筆「音聲」二字，與本文無關，或許與背面《五更轉》有關。池田溫先生在《論九世紀敦煌的土地稅役制度》（載《東亞古文書的歷史學研究》，唐代史研究會報告第訓集）中指出：「田義信」後的「音聲」二字是表示其藝人身分，從而具有了免稅的特權。

戶王山子，受田肆拾玖畝，納麥一石九斗六升，粟一石七斗一升半，麻二斗四升半。

戶田義信（朱筆：音聲），受田伍拾捌畝。（後缺）

本件文書共記載了六戶的田畝數及納麥、粟、麻的數量，除田義信戶殘缺外，通過對其他五戶受田數及納麥、粟、麻數量的換算得知，其納稅率是每畝四升小麥、三點五升粟、零點五升麻。

池田溫先生在《論九世紀敦煌的土地稅役制度》[73]一文中引用了本件文書，並定名為《年代未詳（約十世紀）戶王道員等地子籍》。同時根據堀敏一氏的推算，將每畝地納麥、粟、麻的數量相加，指出「地子額共計八升」。

從 S.8655 號文書所揭示的地子額可知，晚唐五代的歸義軍政權，雖地處西北，有自己的一套制度、措施，但在總體上仍執行著中原王朝的政策，是晚唐五代的一個特殊藩鎮。

前述 S.2214 號文書所載，歸義軍政權初期的地子率是每畝一斗，而據 S.8655 號文書所載，其地子額是畝稅麥粟麻共計八升。當然，這只是兩件文書的反映，而歸義軍政權統治敦煌長達一百八十餘年，這些數據還不能使我們對歸義軍時期地子的稅率作出全面的探討，但畢竟為我們更深入地研究提供了啟示。

由於直接文獻資料的缺乏，我們還無法明確得知晚唐五代時期「地子」的徵稅率。即就敦煌地區而言，因為晚唐五代歸義軍統治的時期較長，政治、經濟情況比較複雜，再加上資料的限制，目前還不可能得出一個明確的稅率。但從以上探討可知，「地子」的確是有一定稅率

73　載《東亞古文書的歷史學研究》（唐代史研究會報告第訓集）。

的。至於稅率不一，可能是不同時期有不同的稅率，它與統治者的政策，生產力發展狀況以及戰爭等，都有一定的關係。

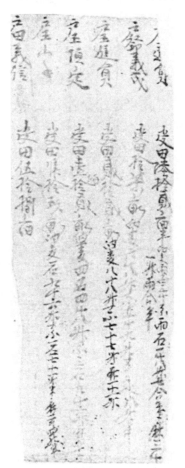

▲ S.8655《歸義軍時期王道員等戶地子籍》

（本部分由《從敦煌文書談晚唐五代的「地子」》和《再論晚唐五代的「地子」》兩文合併修改而成。前載《歷史研究》1996 年 3 期，後載《歷史研究》2003 年 2 期）

第二節 P.3236 號《壬申年官布籍》時代考

敦煌文獻中的絕大部分沒有紀年，從而使其史料價值打了折扣。通過有紀年的文書及傳世史料，並從內容、書法、紙張等各方面入手，就可以判定某些沒有明確紀年文書的時代。

P.3236 號《壬申年三月十九日敦煌鄉官布籍》[74]是目前所見敦煌文獻中最完整的一份官布籍。它對於研究晚唐五代歸義軍時期的賦稅制度有著重要的參考價值。我們擬利用敦煌文書的記載和學術界的研究成果，考證《壬申年官布籍》這一文書的確切時代，以期把歸義軍賦稅制度的研究引向深入。

一、文書錄文與說明

本件文書共四十行，雖然後面殘缺，已不完整，但基本上能反映有關情況，故先根據圖版，並參照前賢學者的研究，將本件文書錄文如下：

1. 壬申年三月十九日敦煌鄉官布籍

2. 布頭陰善友柒拾捌畝，陰保升參拾陸畝半，陰保住壹拾玖畝，張富通

3. 　　貳拾柒畝，安慈兒貳拾畝，安友住參拾捌畝半，橋賢通拾柒畝，

4. 　　張欺中壹拾伍畝。計地貳頃伍拾畝，共布壹匹。

5. 布頭張衍奴壹頃柒拾柒畝，張灰灰貳拾參畝，張萬子肆拾肆畝半，

半，

---

74 文書圖版見《法藏敦煌西域文獻》第二十二冊，上海古籍出版社 2002 年版，第 265 頁。

6. 趙通子肆畝。計地貳頃伍拾畝，共布壹匹。

7. 布頭羅山胡壹頃伍畝，羅友友壹頃，鄧進達參拾畝，馮進達拾
伍

8. 　　畝。計地貳頃伍拾畝，共布壹匹。

9. 布頭張友全壹頃陸拾畝，孟完奴肆拾柒畝，陰富晟拾捌畝，曹
友

10. 　　子貳拾伍畝。計地貳頃伍拾畝，共布壹匹。

11.布頭唐粉子壹頃陸拾畝，安友恩伍拾參畝，張懷滿參拾柒畝。
計地

12.貳頃伍拾畝，共布壹匹。

13.布頭張友子壹頃貳拾畝，索善友參拾伍畝半，索保子貳拾柒
畝，

14. 　　史富通伍拾玖畝，宋安久玖畝。計地貳頃伍拾畝，共布壹
匹。

15.布頭氾盈達壹頃伍拾壹畝，張員宗陸拾玖畝，張奴奴參拾畝。
計地貳

16. 　　頃伍拾畝，共布壹匹。

17.布頭鄧像通壹頃陸拾伍畝，安慶達肆拾畝，董住兒肆拾肆畝。

18.計地貳頃伍拾畝，共布壹匹。

19.布頭王清昇壹頃玖拾陸畝，鄧文德伍拾肆畝。計地貳頃伍拾
畝[75]，共布壹匹。

20.布頭劉再鬆壹頃拾肆畝半，令狐善兒卷拾伍畝，康恩子陸拾
畝，張再

75　文書圖版中此「畝」字脱，茲據文義補。

21.住拾玖畝，索懷員拾伍畝，張奴奴伍畝。計地貳頃伍拾畝，共布壹匹。

22.布頭康全子參拾陸畝，康保清壹頃伍拾柒畝半，董赤頭拾壹畝，

23.　　　呂神友肆拾肆畝，鄧文德壹畝。計地貳頃伍拾畝，共布壹匹。

24.布頭黑善興壹頃陸拾捌畝，曹阿堆肆拾肆畝，田員保拾捌畝，張

25.　　　住兒貳拾畝。計地貳頃伍拾畝，共布壹匹。

26.布頭趙索二壹頃參拾畝，陰儒受玖拾參畝，張意順貳拾陸畝。計地

27.　　　貳頃伍拾畝，共布壹匹。

28.布頭賀清兒壹頃貳拾柒畝半，馮常安捌拾捌畝，馮神德貳拾壹

29.　　　畝半，史骨子拾壹畝，張幸成貳畝。計地貳頃伍拾畝，共布壹匹

30.布頭索少清卷拾捌畝，王全子陸拾伍畝，王丑胡肆拾伍畝，羅安定

31.　　　壹頃貳畝。計地貳頃伍拾畝，共布壹匹。

32.布頭張盈昌肆拾壹畝，張幸德壹頃玖畝，張定奴伍拾柒畝，張幸成

33.　　　肆拾貳畝半。計地貳頃伍拾畝，共布壹匹。

34.布頭李保山壹頃參畝，李善德參拾壹畝半，李粉堆捌拾畝，田

35.　　　安住卷拾貳畝半，張幸成貳畝。計地貳頃伍拾畝，共布壹匹。

36.布頭李富盈柒拾畝半，高粉堆肆拾參畝，安佛奴柒拾畝，鄧再

通

37.　　　貳拾卷畝，石慶子貳拾畝，陰史多貳拾參畝。計地貳頃

38.　　　伍拾畝，共布壹匹。

39.布頭李像奴玖拾壹畝，李再住壹頃拾參畝，宋昌盈貳拾柒畝，

馮王三拾畝，吳保住肆畝，

40.　　　馮友友肆畝。計地貳頃伍拾畝，共布壹匹。

（後缺）

本件文書在池田溫《中國古代籍帳研究》[76]第 615-616 頁、唐耕耦《敦煌社會經濟文獻真跡釋錄》第二輯[77]第 452-453 頁均有錄文。文書中「布頭」之「布」和「計地」之「計」全為硃筆。

筆者用微縮膠卷與唐耕耦、池田溫錄文對校，發現唐耕耦先生少錄兩字，即第八行、十行之「計地」的「地」，並且將第二十三行「鄧文德」之「鄧」誤錄為「郭」。當然，這也可能為排校所致。

本件文書共載「布頭」十九人，納布人七十九人（包括「布頭」在內），其中張奴奴、鄧文德兩見，張幸成三見，這樣，共有八十三人次分布在十九個「布頭」名下。每位「布頭」名下由若干戶組成。按文書，每位「布頭」名下，都是「計地貳頃伍拾畝，共布壹匹」。由此可知，「布」也是賦稅之一，且按畝而稅。為了使納布整齊，不致太零碎，便指定「布頭」代為收繳，其標準是每 250 畝，納布 1 匹。當然，250 畝是大約數，不可能幾家之地剛好是 250 畝。在本件文書所載 19

76　東京大學東洋文化研究所，1979 年。

77　全國圖書館文獻縮微複製中心，1990 年

個「布頭」名下，只有 8 個「布頭」名下剛好是 250 畝；1 個是 250.5 畝，多 0.5 畝；一個是 251 畝，多 1 畝；9 個都是 250 畝以下，只不過差別不大，都在 248.5-249.5 畝之間。為了不至於讓農民少交稅，基本上都是按 250 畝納布一匹。這樣，就將有些農民的土地分配在兩個、甚至三個「布頭」名下納布。如第 19、23 行都有鄧文德，即將鄧文德的地分為兩部分，分別列在「布頭」王清升和康全子名下；另如第 15、21 行都有張奴奴，即將張奴奴的地分為兩部分，分別列在「布頭」氾盈達和劉再鬆名下；再如第 29、32、35 行都有張幸成，即將張幸成的地分為三部分，分別列在「布頭」賀清兒、張盈昌、李保山名下。

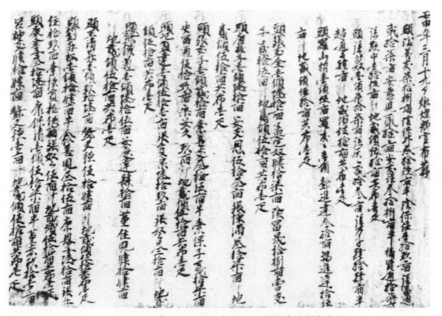

▲ P.3236 號《壬申年三月十九日敦煌鄉官布籍》(1)

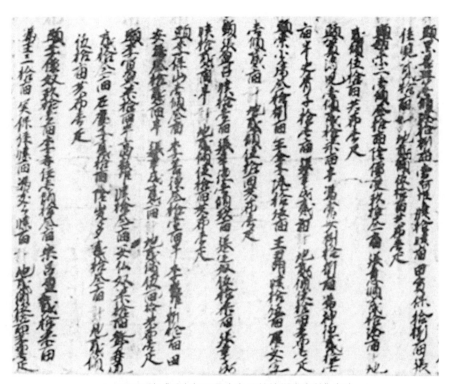

▲ P.3236 號《壬申年三月十九日敦煌鄉官布籍》（2）

二、研究中的有關問題辨析

《壬申年三月十九日敦煌鄉官布籍》無疑是歸義軍時代的文書。在歸義軍時期（848-1036）壬申年共有四個，即西元八五二、九一二、九七二和一〇三二年。經過近三十年的探討，目前學者們已將八五二年和一〇三二排除，但還不能確定是九一二年還是九七二年。以研究敦煌文獻而著名的日本學者池田溫先生，在一九七九年出版之《中國古代籍帳研究》「諸種文書」中將此件定名為《壬申年（西元 912 或 972）三月十九日沙州敦煌鄉官布籍》，對於壬申年，謹慎地注為九一二或九七二年。一九八七年，池田溫先生在《東亞古代籍帳管見》一文附錄

中，又將此件定名為《壬申年（西元 912？）三月敦煌鄉官布籍》。[78]

　　由此可見，池田溫先生對本件文書年代的確定，從九一二或九七二年，變為「九一二年？」，從其前後變化看，雖沒有最後確定，但更傾向於九一二年了。

　　一九九〇年，唐耕耦先生在《敦煌社會經濟文獻真跡釋錄》第二輯中，過錄了 P.3236 號文書，將其定名為《壬申年（西元九七二年或九一二年）三月十九日敦煌鄉官布籍》，對於壬申年，究竟是九七二年還是九一二年，也沒有完全確定。[79]

　　一九八四年，冷鵬飛先生在《唐末沙州歸義軍張氏時期有關百姓受田和賦稅的幾個問題》一文中，將本件文書的年代定為西元九一二年，其理由主要是：西元九七二年為宋開寶五年，沙州此時當曹元忠之世（西元 944-974）。其時屬開寶年號的文書甚多，如 P.2943 背、P.2985 背、P.2804 背、S.5973 等文書。應該說這些都能證明制定《壬申年官布籍》的沙州官府不在開寶年間。如在此時，它不可能明知年號而不署，僅以干支紀年。而西元九一二年乃後梁乾化二年，是時當張承奉之世。張承奉既然自立為西漢金山國，就不會再用中原王朝年號，而用自己的紀年方法。檢閱西漢金山國的文書，如 P.2594、2864 背《白雀歌》、P.3633《辛未年沙州百姓上回鶻天可汗書》、S.1563《西漢敦煌國聖文神武王敕》，末署都為干支紀年。由這些所屬年代可知，張氏西漢金山國官方紀年方法就是用干支紀年。此《壬申年官布籍》用干支紀年，正是西漢金山國官方的標誌。[80]

78　〔日〕池田溫：《東亞古代籍帳管見》，載林天蔚、黃約瑟主編：《古代中韓日關係研究——中古史研討會論文集之一》，香港大學亞洲研究中心 1987 年版，第 117 頁。

79　《釋錄》第二輯，第 452 頁。

80　冷鵬飛：《唐末沙州歸義軍張氏時期有關百姓受田和賦稅的幾個問題》，載《敦煌學

　　我們認為，冷先生將 P.3236 號《壬申年官布籍》定為西元九一二年，僅僅是推論，其證據似不充分。況且，通過檢索敦煌文獻可知，曹元忠之世（944-974）的文獻也並非全用年號，而沒有用干支紀年的。我們以池田溫著《中國古代寫本識語集錄》[81]為據，查閱曹元忠之世用干支紀年的卷子有：

　　S.3880《二十四節　氣詩李慶君題記》為「甲辰年夏月上旬寫訖」。此甲辰年為西元 944 年。[82]

　　P.3792 背《晉釋門法律張和尚寫真贊題記》為「於晉歲乙巳正月廿六日記」。本題記中，既有晉，又有干支紀年，是最直接的證據。後晉乙巳年為西元 945 年。[83]

　　S.1163《太公家教永安寺學仕郎張順進題記》為「庚戌年十二月十七日」。此庚戌年為西元 950 年。[84]

　　北圖始字 22《妙法蓮華經普門品比丘談遠題記》為「辛亥年二月卅日」。此辛亥年為西元 951 年。[85]

　　P.3919B《大威儀經請問說戒輪等題記》為「己未年三月廿八日戒輪書」。此己未年為西元 959 年。[86]

　　S.4378 背《大悲啟請、佛頂尊勝陀羅尼在江陵府比丘惠鑾題記》為

輯刊》1984 年第 1 期。

81　〔日〕池田溫：《中國古代寫本識語集錄》，東京大學東洋文化研究所，1990 年。

82　《中國古代寫本識語集錄》，第 484 頁。

83　《中國古代寫本識語集錄》，第 485 頁。

84　《中國古代寫本識語集錄》，第 490 頁。

85　《中國古代寫本識語集錄》，第 490 頁。

86　《中國古代寫本識語集錄》，第 496 頁。

「時己未歲十二月八日」。此己未歲為西元 959 年。[87]

　　P.2515《辯才家教比丘願成題記》為「甲子年四月廿五日」。此甲子年為西元 964 年。[88]

　　P.3582《楊滿山詠孝經十八章三界寺學士題記後錄詩》為「戊辰年十月卅日」。此戊辰年為西元 968 年。[89]

　　北 0701《金光明最勝王經卷八題記》為「丙寅至戊辰三年」。此丙寅至戊辰三年為西元 966 至 968 年。[90]

　　S.4295 背《佛經雜咒背押衙知三司書手吳達怛題記》為「開寶五年壬申歲四月六日。」既有開寶五年，又有壬申歲，此壬申歲為西元 972 年。[91]

　　另外，郝春文先生《敦煌寫本社邑文書年代匯考》[92]，充分吸收了學術界的已有研究成果，對敦煌社邑文書的年代進行了詳細考察，其中就有部分曹元忠時期使用干支紀年的文書，如：

　　P.4960《甲辰年（944）五月廿一日窟頭修佛堂社再請三官憑約》。[93]
　　P.2032 背《乙巳年（945）淨土寺諸色入破曆算會牒稿》。[94]

87　《中國古代寫本識語集錄》，第 496-497 頁。

88　《中國古代寫本識語集錄》，第 498 頁。

89　《中國古代寫本識語集錄》，第 501 頁。

90　《中國古代寫本識語集錄》，第 501 頁。

91　《中國古代寫本識語集錄》，第 503 頁。

92　郝春文：《敦煌寫本社邑文書年代匯考》（一）、（二）、（三），分別載《首都師範大學學報（社會科學版）》1993 年第 4、5 期，《社科縱橫》1993 年第 5 期。

93　郝春文：《敦煌寫本社邑文書年代匯考》（一）。

94　郝春文：《敦煌寫本社邑文書年代匯考》（一）。

S.8516《丙辰年（956）六月十日社司轉帖》。[95]

P.3555B+P.3288（4）《丁巳年（957）裴富完婦亡轉帖》。[96]

P.4063《丙寅年（966）四月十六日官健社春座局席轉帖》。[97]

S.5632《丁卯年（967）二月八日張憨兒母亡轉帖》。[98]

P.2484《戊辰年（968）十月七日東園算會群牧駝馬牛羊見行籍》。[99]

S.3450《庚午年（970）正月廿五日社長王安午等修窟憑》。[100]

S.2894背（2-4）為《壬申年（972）十二月氾再昌妻亡轉帖抄》等 6件社司轉帖。這6件中間有「開寶五年正月廿日辛延晟、曹願長結會 記」，而開寶五年的干支恰好為壬申，即972年[101]

P.3231（11）《甲戌年（974）五月廿九日平康鄉官齋籍》。[102]

　　從以上摘錄的有關干支紀年的文書可知，曹元忠時期不僅有許多 使用中原王朝年號的文書，而且還有一些以干支紀年的文書。甚至有 些文書中，既有中原王朝年號，又有干支紀年，更是最確鑿的證據。 因此，不能以干支紀年為據，將P.3236《壬申年官布籍》為西元972年 排除在外。

　　至於說，張承奉西漢金山國時期，不再用中原王朝年號，而有自 己的紀年方法，即干支紀年，據此而將《壬申年官布籍》定為912年，

95　郝春文：《敦煌寫本社邑文書年代匯考》（一）。

96　郝春文：《敦煌寫本社邑文書年代匯考》（一）。

97　郝春文：《敦煌寫本社邑文書年代匯考》（二）。

98　郝春文：《敦煌寫本社邑文書年代匯考》（一）。

99　郝春文：《敦煌寫本社邑文書年代匯考》（一）。

100　郝春文：《敦煌寫本社邑文書年代匯考》（一）。

101　郝春文：《敦煌寫本社邑文書年代匯考》（一）。

102　郝春文：《敦煌寫本社邑文書年代匯考》（一）。

也似不能使人信服。

　　關於張承奉西漢金山國的建國年代，學術界目前還有不同看法，有 905 年[103]、906 年[104]、908 年[105]、909 年[106]、910 年[107]建國說。我們見到的 912 年的文書也都是干支紀年，但敦煌文獻中已發現了天復五年至十年（實際上為晚唐天祐二年至後梁開平四年，西元 905-910 年）的文書。我們先僅將 908-910 年的有關文書排列如下：

　　P.2646《新集吉凶書儀》題記：「天復八年歲次戊辰二月廿日，學郎趙懷通寫記。」[108]

　　P.2094（1）《持誦金剛經靈驗功德記》題記：「於唐天復八載歲在戊辰四月九日，布衣翟奉達寫此經。」[109]

　　8.2174（1）為《天復九年己巳歲閏八月十二日敦煌神沙鄉百姓董加盈兄弟分家書》。[110]

　　S.3877 背（7）為《天復九年己巳歲十月七日敦煌洪潤鄉百姓安力

103 王重民：《金山國墜事零拾》，原載《北平圖書館館刊》第 9 卷第 6 期，1935 年。此據王重民《敦煌遺書論文集》，中華書局 1984 年版。

104 李正宇：《關於金山國和燉煌國建國的幾個問題》，載《西北史地》1987 年第 2 期；《談〈白雀歌〉尾部雜寫與金山國建國年月》，載《敦煌研究》1987 年第 3 期。

105 王冀青：《有關金山國的幾個問題》，載《敦煌學輯刊》總第 3 期，1982 年。

106 楊寶玉：《金山國成立時間再議》，載《敦煌學輯刊》2008 年第 4 期；楊寶玉、吳麗娛：《歸義軍政權與中央關係研究——以入奏活動為中心》，中國社會科學出版社 2015 年版，第 48-58 頁。

107 盧向前：《金山國立國之我見》，載《敦煌學輯刊》1990 年第 2 期；榮新江：《金山國史辨正》，載《中華文史論叢》第五十輯，上海古籍出版社 1992 年版；《歸義軍史研究——唐宋時代敦煌歷史考索》，第 214-219 頁。

108 文書圖版見《法藏西域敦煌文獻》第十七冊，第 90 頁。

109 文書圖版見《法藏西域敦煌文獻》第五冊，第 143 頁。

110 文書圖版見《英藏敦煌文獻（漢文佛經以外部分）》第四卷，第 35 頁。

子賣地契》。[111]

　　Дх.295a《時食咒願》題記：「天復十年庚午歲次三月十五日。」[112]

　　斯坦因敦煌所獲絹畫《觀音像》題記：「時天復拾載庚午歲七月十五日畢功記。」[113]

　　以上所引天復八年至十年（908-910）的敦煌文書及其題記說明，似不能以干支紀年作為證據，將《壬申年官布籍》定為九一二年。

三、壬申年應為九七二年

　　上面我們對 P.3236《壬申年官布籍》的著錄、研究情況進行了考察辨析，認為將本件文書定在九一二年，僅僅屬於推論，證據似不充分。根據我們掌握的材料，P.3236《壬申年官布籍》應定為九七二年，下面試申述之：

　　1. 「索鐵子」提供的信息

　　P.4525（8）也是一件徵收布匹的《官布籍》[114]。本件文書殘缺，現存6行，為便於研究，先將 P.4525（8）《官布籍》錄文如下：

　　1. □□張完長拾捌畝，菜丑奴捌拾伍畝，張王三卷拾畝，張回德貳拾□□□□

　　2. 參拾捌畝，楊千子拾陸畝半，張保完肆拾貳畝。計地貳頃伍拾畝，□□□□[115]

111 文書圖版見《英藏敦煌文獻（漢文佛經以外部分）》第五卷，第 191 頁。

112 文書圖版見《俄藏敦煌文獻》第六冊，第 202 頁，定名為《禮懺文一本》。

113 轉引自榮新江：《金山國史辨正》，載《中華文史論叢》第五十輯，第 72-85 頁。

114 文書圖版見《法藏西域敦煌文獻》第三十一冊，第 368 頁

115 據《官布籍》書寫習慣，此處所缺四字應補「共布壹疋」。

▲ P.4525《官布籍》（部分）

3. □頭索員宗陸畝，曹閏成柒拾卷畝，陰彥思捌拾玖畝，張閏國柒拾參畝，

4. □保完壹拾壹畝。計地貳頃伍拾畝，共布壹匹。

5. □□索安住肆拾陸畝半，王再盈拾柒畝，武願昌參拾肆畝半，張會興

6. 貳拾畝，索鐵子卷拾畝，張再住肆畝半。計地壹頃伍拾貳畝半□□

上錄文書中第二行之參和第六行之貳是筆者根據上下文內容增補的。該段文書後面還有九行，因與本節無關，故略而不錄。

P.4525（8）《官布籍》的筆跡、內容、形式與 P.3236《壬申年官布籍》相似。唐耕耦先生《敦煌社會經濟文獻真跡釋錄》第二輯第四五四頁有 P.4525（8）《官布籍》錄文，並注釋說：「此件屬歸義軍時期，其年代當與壬申年官布籍相近。」這一看法是正確的。需要補充的是，P.4525（8）《官布籍》第六行和 P.3236《壬申年官布籍》第二十至二十一行同時出現了「張再住」。因此，兩件文書不僅年代相近，而且有可能原來就是一件，由於各種原因而一折為二了。

既然 P.4525（8）《官布籍》與 P.3236《壬申年官布籍》時代相近，因此，我們通過對 P.4525（8）《官布籍》時代的探討，就可為確定 P.3236《壬申年官布籍》的年代提供間接的證據。

P.4525（8）《官布籍》中有「索鐵子」一人。S.6123《戊寅年六月渠人轉帖》[116]中也有「索鐵子」，而 S.6123 號文書又與 P.5032《甲申年（984）渠人轉帖》[117]的格式一致，故該兩件文書的時代應該相近。既然 P.5032 之甲申年為九八四年，那麼，與之時代相近的 S.6123 之戊寅年就是 978 年。該件文書與壬申年（972）只差六年，其所記「索鐵子」當

---

116 文書圖版見《英藏敦煌文獻（漢文佛經以外部分）》第十捲，第 90 頁。

117 文書圖版見《法藏西域敦煌文獻》，第三十四冊，第 103 頁。

為同一人。由此亦可證明，P.3236《壬申年官布籍》之「壬申年」應為九七二年。

另外，P.3231《乙亥年（西元 975）九月廿九日平康鄉官齋歷》[118]和 S.3978《丙子年（西元 976）七月一日司空遷化納贈歷》[119]中也有「索鐵子」。它們應與同出現「索鐵子」一名的 P.4525（8）《官布籍》、S.6123《戊寅年（西元 978）六月渠人轉帖》的時代相近。而 P.4525（8）《官布籍》與 P.3236《壬申年官布籍》的時代又相近，因此，P.3231、S.3978號文書與 P.3236 號文書的時代也應相近。既然三件文書年代相近，P.3231 之乙亥年為西元 975 年，S.3978 之丙子年為西元 976 年，那麼，P.3236 之壬申年就應為西元 972 年。

此外，「索鐵子」在上海博物館藏敦煌文書 8958（2）號文書中也有，即《索鐵子牒》[120]。唐耕耦先生《敦煌社會經濟文獻真跡釋錄》第二輯也收錄了本件文書，定名為《年代不明平康鄉索鐵子牒及判》。[121]朱雷先生《敦煌所出〈索鐵子牒〉中所見歸義軍曹氏時期的「觀子戶」》[122]一文，通過文書形式的排列對比和文書內容，已將《索鐵子牒》定為曹元忠時期的文書。沙知先生《跋上博藏敦煌平康鄉百姓索鐵子牒》[123]一文，將索鐵子牒的年代定為 975-980 年。兩件文書中都出現了「索鐵子」，應為同一時代的文書，因此，P.4525（8）《官布籍》也應該是曹

---

118 文書圖版見《法藏西域敦煌文獻》，第二十二冊，第 214-215 頁。

119 文書圖版見《英藏敦煌文獻（漢文佛經以外部分）》第五卷，四川人民出版社 1992年版，第 225 頁。

120 文書圖版見《上海博物館藏敦煌吐魯番文獻》第一冊，上海古籍出版社 1993 年版，第 189 頁。

121 《釋錄》第二輯，第 319 頁。

122 載《武漢大學學報（社會科學版）》1993 年第 6 期；又見同氏《敦煌吐魯番文書論叢》，甘肅人民出版社 2000 年版，第 294-305 頁。

123 載《段文傑敦煌研究五十年紀念文集》，第 234-238 頁。

元忠時代的文書。而 P.4525（8）《官布籍》又和 P.3236《壬申年官布籍》時代相近。曹元忠時代（944-974）只有一個「壬申年」，即西元 972年。因此，P.3236《壬申年官布籍》應為 972 年。

2. 文書本身的啟示

為了使我們的研究建立在更加科學的基礎上，我們將 P.3236《壬申年官布籍》中出現的納布人全部排列出來，共七十九人，以便在閱讀敦煌文獻時，注意他們在其他文獻中出現的情況，並進而尤其他文獻的年代來反證 P.3236《壬申年官布籍》的年代。

由於筆者閱讀敦煌文獻有限，手頭記錄也不全面，但就是在這些有限的記錄中，也收集了一些 P.3236《壬申年官布籍》中出現的人名。為了便於說明，現列表如下：

壬申年官布籍中納布人姓名	其他文獻	年代	文書出處
張員宗	P.4003《壬午年十二月十八日渠社轉帖》 P.2049 背《長興二年正月沙州淨土寺直歲願達手下諸色入破曆算會牒》 P.3889 背《社司轉帖》 P.3889《社人賀寶新身故轉帖》	982 931 不明 931-973	《敦煌社會經濟文獻真跡釋錄》（以下簡稱《釋錄》）第一輯第 409 頁 《敦煌寫本社邑文書年代匯考》（三）（以下簡稱《年代匯考》）。《釋錄》第三輯第 374 頁 《釋錄》第一輯第 342 頁 《年代匯考》（一）

張友子	S.4472 背《辛酉年十一月廿日張友子新婦身故聚贈歷》 P.3231《甲戌年十月十五日平康鄉官齋歷》	961 974	《年代匯考》（三） （年代匯考）（三）
李粉堆	S.4472 背《辛酉年十一月廿日張友子新婦身故聚贈歷》 P.4991《壬申年六月廿四日社司轉帖》	961 972	《年代匯考》（三） 《年代匯考》（一）
陰保升	S.6198《納贈歷》 S.2472 背《辛巳年十月三日州司倉公廨斛斗交割憑》	十世紀後半葉 981	《年代匯考》（三） 《年代匯考》（三）
陰保住	P.3889 背《社司轉帖》	不明	《釋錄》第一輯第 342 頁
馮友友	P.2032《乙巳年淨土寺諸色入破曆算會牒稿》	945	《敦煌吐魯番學研究論文集》中唐耕耦文，漢語大辭典出版社，1990 年。
唐粉子	S.5632《丁卯年二月八日親情社轉帖》	967	《釋錄》第一輯第 354 頁

氾盈達	P.2032《乙巳年淨土寺諸色入破曆算會牒稿》 S.5632《丁卯年二月八日張憨兒母亡轉帖》	945 967	《敦煌吐魯番學研究論文集》中唐耕耦文陳國燦《敦煌所出諸借契年代考》，載《敦煌學輯刊》1984年第1期。
張奴奴	P.2680《丙申年氾恆安等納綾絹等曆》 S.4812《天福六年二月廿一日麥粟算會》 P.2726背《年支社齋轉帖抄》	歸義軍曹氏時期 941 941年前後	《釋錄》第三輯第135頁 《年代匯考》（二） 《年代匯考》（二）
張萬子	P.3889背《社司轉帖》	不明	《釋錄》第一輯第342頁
陰善友	P.5032《社司轉帖》	984？	《釋錄》第一輯第403頁
張富通	P.5032《甲申年四月十二日渠人轉帖》 P.5032（12）《甲申年九月廿一日渠人轉帖》 P.5302《甲申年十月四日渠人轉帖》	984 984 984	《釋錄》第一輯第408頁 《釋錄》第一輯第405頁 《釋錄》第一輯第407頁

張富通	P.3379《後周顯德五年二月社錄事都頭陰保山等牒》 Дx.2149《欠柴人名目》	958 不明	IDP 彩圖 〔蘇〕丘古耶夫斯基《敦煌漢文文獻》，（蘇聯）科學出版社 1983 年
張再往	Дx.1344《辛亥年二月九日張再往等便黃麻歷》 P.4525（8）《官布籍》	951？ 曹元忠時代	《釋錄》第二輯第 263 頁 本書考釋
張定奴	P.5032《甲申年二月廿日渠人轉帖》等 8 件有張定奴	984	《釋錄》第一輯第 404 頁至 408 頁
曹友子	P.2817《辛巳年前後社司轉帖》	981	《釋錄》第一輯第 325 頁
壬申年官布籍中納布人姓名	其他文獻	年代	文書出處
鄧像通	P.3991 背《丁酉年正月春秋局席轉帖稿》 P.5032《某年六月索押牙妻身亡轉貼》	937 937 年前後	《年代匯考》（二） 《年代匯考》（一）
石慶子	Дx.1418《年代不明吳留德等便豆歷》	不明	《釋錄》第二輯第 266 頁

吳保住	P.3579《宋雍熙五年十一月神沙鄉百姓吳保住牒》	988	《釋錄》第二輯第 308 頁

上表所列十八人，是《壬申年官布籍》中的一部分，約占《壬申年官布籍》總數七十九人的四分之一。這十八人在其他文獻中都有不同程度的反映，有的甚至出現在好幾種文獻當中。當然，不可否認，上表中的十八人，可能有同名同姓的其他人，但絕對不會全是同名同姓者。

從上表分析，出現有 P.3236《壬申年官布籍》中納布人的敦煌文獻，其年代絕大部分是十世紀中後期，由此說明，P.3236《壬申年官布籍》也應屬於十世紀中後期。因此，將「壬申年」定為 972 年，正好屬於這一時代範疇。

以上所討論的 P.3236《壬申年三月十九日敦煌鄉官布籍》明確標明是敦煌鄉的官布籍，但在我們上表討論的十八人中，有三人卻明顯不屬於敦煌鄉：吳保住、石慶子屬於神沙鄉，張友子屬於平康鄉。這是什麼原因呢？據筆者推論，可能與以下原因有關：

第一，他們原來居住在敦煌鄉，後來分別遷居到神沙鄉和平康鄉；或原來分別居住在神沙鄉和平康鄉，後來都遷居到敦煌鄉。

第二，由於敦煌、神沙、平康三鄉緊密相連，平康鄉在敦煌鄉北面，神沙鄉在敦煌鄉南面。他們三人本來就居住在敦煌鄉，但戶籍分別列在平康鄉和神沙鄉。或者說，他們的居住地和戶籍分別在平康鄉與神沙鄉，但由於種種原因，如土地分配、買賣、請射、繼承等，使他們的耕種地位於敦煌鄉界內。依據歸義軍政權據地出稅的原則，他們的耕地在哪裡，就應在哪里納稅，尤其是官布的徵收是整匹的。這

樣就要將好幾戶共二百五十畝的土地作為一個整體來對待，而他們中某一位的耕地又恰好在這二百五十畝之中，因此，雖然戶籍在神沙鄉或平康鄉，但其據地出稅的布疋就要和敦煌鄉百姓一起交納了。

第三，也有可能是同名同姓的其他人。

（原載《西北師大學報》1996 年第 3 期）

第三節　敦煌歸義軍的土地問題

一、土地過戶的法律標誌──戶狀

歸義軍時期，民戶土地所有權的變動，並非在每次的請射、賣買、對換時及時變動，而是待政府有計劃地進行土地調整時才能進行所有權的更換，其更換、變動在法律上得以實現的標誌性文件就是「戶狀」。在政府變更「戶狀」前，土地的賣買只是土地賣買者雙方及有關證人、鄰人、保人等知道、認可，即造成了事實上的變更，但從法律上說，還需要政府的承認，這就是「戶狀」。如 P.4974《唐天復年代神力為兄墳田被侵陳狀並判》[124]有：「故尚書阿郎再製戶狀之時，其曹僧宜承戶地，被押衙朗神達請將。」即押衙朗神達乘「再製戶狀之時」，通過請射獲得了原屬曹僧宜的土地。

另如 S.3877 背《天復九年己巳（西元 909）洪潤鄉百姓安力子賣地契》[125]有：「自賣已後，其地永任進通男子孫息侄世世為主記。中間或

---

124 文書圖版見《法藏西域敦煌文獻》第三十三冊，上海古籍出版社 2005 年版，第 325 頁。錄文見唐耕耦、陸宏基：《釋錄》第二輯，第 292 頁。

125 文書圖版見《英藏敦煌文獻（漢文佛經以外部分）》第五卷，四川人民出版社 1992 年版，第 191 頁。錄文見《釋錄》第二輯，第 8 頁。

有回換戶狀之次，任進通抽人戶內。」由此可見，進通購買了安力子的土地以後，就可以使用這塊土地了，也在實際上擁有了這段地。但這時進通只有實際上的使用權，還沒有法律上的所有權。只有在政府「回換戶狀之次」，進通才能將其「抽人戶內」，即才能得到法律上的承認或政府的實際認可。

歸義軍時期的「戶狀」要寫明土地的面積、方位、四至等，如P.3384與羅振玉舊藏綴合之《唐大順二年（西元891）正月沙州翟明明等戶狀》[126]載：

（前缺）

1.　　　　　　大順二年辛亥歲正月一日百姓翟和勝戶

2. 戶翟明明_{年三十五}，男安和_{年廿七}，妻阿馬_{年廿}，男再成_{年八歲}。

3. 都受田肆拾畝半。請南沙陽開南支渠地壹段兩畦共陸畝。

4.　　　　東至子渠，西至氾鞠子並荒沙，南至氾鞠子並翟定君，北至

5.　　　　道。又地壹畦五畝，東至道，西至翟和勝，南至翟和勝及再盈，

6.　　　　北至翟德盈。又地肆畦共捌畝，東至子渠，西至翟再盈並閻政□

7.　　　　及翟完君，南至河，北至翟和勝園。又舍壹所，東邊壹分，

---

126 文書圖版見《法藏西域敦煌文獻》第二十四冊，上海古籍出版社2002年版，第47頁。錄文見《釋錄》第二輯，第474頁。

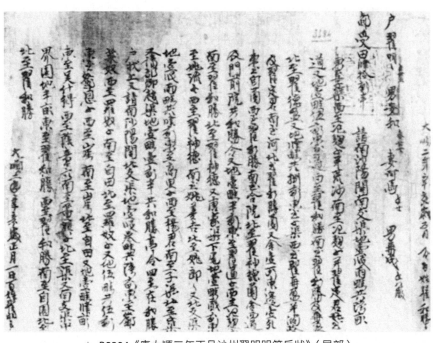

▲ P.3384《唐大順二年正月沙州翟明明等戶狀》(局部)

8.　　　　　東至自圍，西至翟和勝，南至合院，北至翟神德；圍舍西道

9.　　　　　及門前院，共和勝合。又地壹畦半畝，東至翟通子，西至氾鞠子，

10.　　　　　南至翟和勝，北至翟神德。又唐家渠下尾地壹畦貳畝，東

11.　　　　　至姚流子，西至翟神德，南至姚善吉，北至姚郎郎。又北支渠

12.　　　　　地壹段兩畦共肆畝，東至高黑子，西至楊君，南至子渠，北至子渠。

13.　　　　　又請都鄉趙渠地壹畦壹畝半，共和勝亭合，四至在和

勝

14.　　　　　戶狀上。又請南沙陽開北支渠地壹段卷畦共陸畝，東
至鄧

15.　　　　　菜奴，西至羅奴子，南至自田，北至羅奴子。又地伍
畦共伍畝，

16.　　　　　東至鄧恩子，西至崖，南至崖，北至自田。又地壹畦
肆畝，

17.　　　　　東至吳什得，西至陰章六，南至董興子，北至渠。又
南支渠中

18.　　　　　界園地半畝，東至翟和勝，西至翟和勝，南至自園，

19.　　　　　北至翟和勝。

20.　　　　　大順二年辛亥歲正月一日百姓翟明明戶

（中略）

1.　戶杜常住_{年卅}，妻阿張_{年卅三}，女咄子_{年十一}。

2.　都受田三十七畝。請城東第一渠中界地壹段玖畦共貳拾參畝，
東至澤

3.　　　　　並周什德，西至尹子英，南至渠，北至澤。又第一渠
下界地壹段

4.　　　　　陸畦共拾畝，東至宋骨骨，西至道，南至張從武，北
至李文子。又地

5.　　　　　壹畦共肆畝，東至道，西至康茍員及田曹九，南至田
曹九，北至朱

6.　　　　　骨崙。

7.　　　　　大順二年▢▢▢

從以上所錄大順二年（西元 891）戶狀可知，戶狀上首先是戶主及全戶的人名、年齡，然後是「總受田數」，接著書寫各地段土地、園舍的位置、畦數、畝數、四至等。從本件文書上的「沙州觀察處置使之印」看，這是歸義軍政權的正式官文書，它應是鄉里基層胥吏整理後的「戶狀」定本。從殘存第一行的「大順二年辛亥歲正月一日百姓翟和勝戶」可知，上面已殘缺的正是翟和勝的戶狀。翟和勝與翟明明應是兄弟關係，這不僅因為他們的好幾段土地相連在一起，而且第八至九行的「園舍西道及門前院，共和勝合」，第十三至十四行的「又請都鄉趙渠地壹畦壹畝半，共和勝亭合，四至在和勝戶狀上」，都是很好的說明。

本件文書中的翟明明戶「都受田肆拾畝半」，共分為十一段，其中第十三至十四行所載「都鄉趙渠地壹畦壹畝半」，因已登錄在和勝戶狀上；第十七至十八行的「南支渠中界園地半畝」屬於園宅地。如果將此二段地不算，其餘的九段相加，恰好是四十點五畝，與「都受田肆拾畝半」相吻合。

杜常住戶「都受田三十七畝」，共分為三段，即二十三畝、十畝、四畝，合計恰好三十七畝。

又如 Дx.2954《後周廣順二年（西元 952）正月一日百姓索慶奴戶狀》[127]載：

1. 戶索慶奴、妻阿令狐、男延昌、男延德、男小兒子、男禿☐☐☐
2. 都受田肆拾捌畝。　　請宜秋東支渠地壹畦壹畝半，東至子渠，西至索住子，南至子渠，北

---

127 文書圖版見《俄藏敦煌文獻》第十捲，上海古籍出版社 1998 年版，第 140 頁。錄文見〔俄〕丘古耶夫斯基：《敦煌漢文文書》第一卷，（蘇聯）科學出版社 1983 年版，第 518 頁；《釋錄》第二輯，第 477 頁。

3. 至索住子。又地壹段兩畦共拾畝，東至索懷弁及索揭接，西至瀉水溝，南至索住

▲ Дх.2954《後周廣順二年正月一日百姓索慶奴戶狀》

4. 子及索懷弁，北至索揭撚及溝。又地壹段兩畦共肆畝，東至索住子及索文俊，西

5. 至渠，南至索文俊及渠，北至索萬口 及 索住兒。又地壹段肆畦共拾畝，東至石

6. 澗道，西至子渠，南至索住子，北至岳石住。又地壹段參畦共捌畝，東至子渠，西至

7. 索清子，南至子渠，北至索住兒。又地壹段捌畦共壹拾陸畝，東至石澗道，西

8. 至氾音九及索住子，南至索幸宗及道，北至索住子。又園半畝，東至佛堂地，

9. 西至索幸宗園，南至合舍坑，北至合場地。又舍及場准兄弟房數有分。

10. ⠀⠀⠀廣順二年壬子歲正月一日百姓索慶⠀⠀奴戶

再如羽敦 28《後周廣順二年（西元 952）正月沙州百姓趙鹽久戶狀》[128]載：

1. 戶趙鹽久，妻阿氾，弟富慶，新婦阿索，姪富通，姪富德、保德、

2. 男清奴、男殘奴、男黑頭。

3. 都受田肆拾柒畝。請都鄉解渠地段並園舍參畦共柒

4. 畝，東至孔加盈及郭住娘，西至左義宗及孔加盈，南至趙南

---

128 本文書圖版見〔日〕武田科學振興財團杏雨書屋《敦煌秘笈》影片冊一，武田科學振興財團，2009 年，第 206 頁。錄文參閱〔日〕山本達郎等：《敦煌吐魯番社會經濟史文書集》第五卷《補遺》，東洋文庫 2001 年版，第 38 頁。據原錄文注：「本文書首行前下方鈐〔李印盛鐸〕、〔敦煌石室秘笈〕兩朱印。又末行後下方鈐〔李滂〕朱印。」本件文書還見於〔日〕池田溫《李盛鐸舊藏敦煌歸義軍後期社會經濟文書簡介》，載潘重規等《慶祝吳其昱先生八秩華誕敦煌學特刊》，（臺北）文津出版社 2000 年版，第 35 頁。

▲ 羽敦 28《後周廣順二年正月沙州百姓趙鹽久戶狀》

5. 山，北至令狐德子。又地壹段陸畦共拾壹畝，東至張溫溫，西至岳再盈，

6. 南至道，北至渠。又地兩畦共貳畝，東至令狐再安，西至氾苟

苟，南至令狐

7. 再安，北至子渠。又地壹畦陸畝，東至張鶻兒，西至自田，南至道，北至子渠。

8. 又地壹畦肆畝，東至令狐萬盈，西至馬像德，南至子渠，北至解渠。又地兩畦共

9. 參畝半，東南至楊宗子，西至自田，北至解渠。又地壹畦參畝，東至楊宗子，西至索

10.建成，南至渠，北至孔不勿。又壹段參畦共拾卷畝，東至自田，南至自田，西北至河。

11.又薛家渠地兩畦共貳畝，東至道，西至渠並氾憨子，南劉貟通，北至王貟慶。

12.　　　廣順二年壬子歲正月一日百姓趙鹽久戶

廣順二年（西元 952）戶狀與大順二年戶狀的格式基本相同，只是在各戶戶主及人名後，少了年齡的登錄。這可能是大順二年（西元 891）還是唐朝，此時均田制雖已瓦解，也不按黃、小、丁、中、老受田，但均田制時代的影響依然存在，因此登錄了人口年齡。到了廣順二年（西元 952），唐已滅亡四五十年，唐朝的影響更加淡薄，所以只登錄了人口的姓名。

廣順二年戶狀的索慶奴戶「都受田肆拾捌畝」，分為 7 段，但若將各段的土地數相加，總數是 50 畝，其中 49.5 畝耕地、0.5 畝園地，比「都受田肆拾捌畝」多 2 畝。趙鹽久戶「都受田肆拾柒畝」，共有 9 段，若將各段土地相加，其總數為 51.5 畝，比「都受田肆拾柒畝」多 4.5 畝。

從廣順二年的兩件戶狀可知，歸義軍時期的敦煌百姓，其不動產

主要有耕地、住宅、宅地和園地（菜園、果園）等組成，其中宅地和園地往往合併統計，稱為「居住園宅」。

前已述及，索慶奴戶「都受田肆拾捌畝」，而各地段累計則為 50 畝，趙鹽久戶「都受田肆拾柒畝」，而各地段累計則為 51.5 畝，為什麼各地段的累計比「都受田」分別多 2 畝和 4.5 畝呢？據池田溫先生推測：「都受田畝數即請田耕地，除外舍宅園地之類。趙氏之首段中園舍分 4 畝半及索氏之首段 1 畝半和園半畝，俱為元來趙、索兩家之世襲舍、園地，不屬請田所受者。」[129]陳國燦先生認為，這些差別，如果不是戶主，也是鄉官「上報時做的手腳，或是疏漏」，在總數上少登錄了。[130]

筆者認為，各段土地累計與總受田的差別，並非由於部分土地是世襲，而不屬請田所受者，也不是戶主或鄉官做的手腳，而是「總受田」只是耕地，並不包括園宅地。因為歸義軍政權實行據地出稅的政策，一切賦稅均以土地為據徵收，而徵收賦稅的土地自然是耕種地，並不包含園宅。如前錄翟明明戶「總受田肆拾畝半」，若將各段土地相加，除去半畝園地，恰好相符。另如 P.4989《年代未詳沙州安善進等戶口田地狀》[131]上，安善進戶「受田壹拾伍畝半」，但各段土地累計則為 16.5 畝；傅興子戶「受田柒拾畝」，各段土地累計為 70.5 畝。再如前引 P.3384 與羅振玉舊藏綴合之《唐大順二年（西元 891）正月沙州翟明明等戶狀》上的第三件，由於文書前殘，不知道戶主的姓名，但其「都

---

129 〔日〕池田溫：《李盛鐸舊藏敦煌歸義軍後期社會經濟文書簡介》，載《慶祝吳其昱先生八秩華誕敦煌學特刊》，第 39 頁。

130 陳國燦：《敦煌學史事新證》，甘肅教育出版社 2002 年版，第 314 頁。

131 文書圖版見《法藏西域敦煌文獻》第三十三冊，上海古籍出版社 2005 年版，第 339 頁。錄文見《釋錄》第二輯，第 471-472 頁。

受田參拾捌畝」和後面各段的面積、四至則完整地保留下來了，如果
將各段土地相加也是 39.5 畝。

　　由此可以説，戶狀上的「總受田數」或「都受田數」與各段土地
累計的面積不符，主要原因是「總受田數」只是指耕地，亦即繳納賦
税的土地。除此之外，還有居住園宅若干畝，是不繳納賦税的。當
然，這類土地不多，大多在 0.5-2 畝之間，目前所見最多為 4.5 畝。據
《天聖令》所保存的唐「田令」載：「諸應給園宅地者，良口三口以下
給一畝，每三口加一畝；賤口五口給一畝，每五口加一畝，並不入永
業、口分之限。」[132]最有説服力的是 P.3121《年代未詳（西元九世紀末
或十世紀）沙州萬子鬍子宅舍田園圖》[133]，此圖上既有耕地，又有「門
前圈」、「東園」、「園場」等，其中的耕地一目了然。據朱雷先生研
究，這裡的「園場」是秋收後用以糧食脱粒、揚塵之場所，「門前圈」
是畜養羊群及牛馬等家畜之地，「園」即種植菜園、果園之地，這些顯
然不包括在耕地之內。[134]

　　由以上文書可知，歸義軍時期的戶狀除注明各戶人口情況外，還
注明了各戶土地畝數與分布情況，這些都和唐前期的戶籍基本相同。
只不過由於租庸調製的破壞，兩税法的實行，國家賦税的徵收並非按
丁，而是按地徵收，誰種地，就由誰承擔賦税。土地的授予也不像均
田制時期那樣嚴密了，因此在戶狀上登錄各戶人口、土地時，再沒有
像唐前期的差科簿那樣嚴格的人口分類，也沒有與均田制相關的已受

132 天一閣博物館、中國社會科學院歷史研究所天聖令整理課題組校證：《天一閣藏明鈔
　　本天聖令校證——附：唐令復原研究》，中華書局 2006 年版，第 256 頁。

133 文書圖版見《法藏西域敦煌文獻》第二十一冊，上海古籍出版社 2002 年版，第 338
　　頁。錄文見《釋錄》第二輯，第 487 頁。

134 朱雷：《敦煌所出〈萬子、鬍子田園圖〉考》，見同氏《敦煌吐魯番文書論叢》，甘肅
　　人民出版社 2000 年版，第 311-312 頁。

田、應受田等項目。當然,這裡的「授田」僅僅是沿用了均田制時期的名稱而沒有均田制時代的還授之意。其中的「都受田」是指民戶的總受田,即一戶所占有土地的全部或總和。

▲ S.4125《宋雍熙二年鄧永興屍狀》(部分)

「戶狀」上登錄戶主姓名、全戶人口、授田總數、各地段畝數、四至的情況,延續了好長時間,如 S.4125《宋雍熙二年(西元 985)鄧永

興戶狀》[135]共有二件，現轉錄一件如下：

1. 戶鄧永興，妻阿，弟章三，弟會進，弟僧會清。
2. 都受田　　　　請千渠小第一渠上界地壹段玖畦共貳
3. 拾畝，東至楊闍梨，西至白黑兒及米完興並楊闍梨，南至
4. 米完興及自田，北至白黑兒及米完興。
5. 　　　　雍熙二年乙酉歲正月一日百姓鄧永興戶

另如《宋端拱三年（990）沙州鄧守仁等戶狀》[136]共保存鄧守仁、陳長晟等三戶的「戶狀」殘篇，現將陳長晟的「戶狀」殘篇轉引如下：

（前缺）

1. 戶陳長晟，妻小娘子▢▢▢▢▢▢▢▢▢
2. 　　奴善祐，奴金山，奴▢▢▢▢▢▢▢▢
3. 　　婢善眼，婢勝子，婢▢▢▢▢▢▢▢▢
4. 都受田肆頃柒拾畝▢▢▢▢▢▢▢▢
5. 　　大道，西至橫道。又地▢▢▢▢▢▢▢
6. 　　壹段伍畦共壹畦參畝，東至韓章住，西至▢▢▢▢
7. 　　住，西至子渠，南至韓章住，北至韓再▢▢▢▢▢
8. 　　自田，南至河及索鄒兒，北至澤。又地壹▢▢▢▢
9. 　　舍肆拾畦共捌拾畝，東至渠，西至石再成及▢▢▢

---

135 文書圖版見《英藏敦煌文獻（漢文佛經以外部分）》第五卷，四川人民出版社1992年版，第255頁。錄文見〔日〕池田溫《中國古代籍帳研究》，第663頁；《釋錄》第二輯，第479-480頁。

136 文書錄文見《中國古代籍帳研究》，第665-666頁；《釋錄》第二輯，第481-482頁。

10.　渠道。又地壹段捌畦共壹拾伍畝，東至自園￼

11.　陸畦共拾壹畝，東至道及左阿朵，西￼

12.　上又地伍畦共捌拾畝，東至自園及□￼

13.　安完，南至渠及左阿朵，北至溝￼

（後缺）

　　這種「戶狀」登錄方式，端拱三年後就發生了變化，沒有了全戶人口姓名，只保留了戶主姓名、受田總數、各地段畝數及四至，由P.3290（2）和S.4172綴合之《宋至道元年（西元995）正月沙州曹妙令等戶狀》[137]就明顯地反映了這種變化。為便於說明，現轉錄如下：

戶曹妙令

都受田陸拾畝。請□渠地壹段共陸拾畝，東至陰富全，西至沙堰及曹子全，南至大河，北至陰富全及曹子全。

　　　　　　　　　　至道元年乙未歲正月一日人戶曹妙令戶。

戶陳殘友

都受田伍拾柒畝。請東河鶡渠地壹段共伍拾柒畝，東至道，西至小戶地，南至姚丑兒，北至張寧兒。

　　　　　　　　　　至道元年乙未歲正月一日人戶陳殘友戶。

戶陳殘友

都受田肆拾畝。請東河鶡渠地壹段參拾畝，東至大戶地，西至漸坑，南至姚丑兒，北至李富進；又兩枝渠地壹段拾畝，東至董流完，

137 文書圖版見《法藏西域敦煌文獻》第二十三冊，上海古籍出版社2002年版，第87-88頁；《英藏敦煌文獻（漢文佛經以外部分）》第五卷，第261頁。錄文見《釋錄》第二輯，第483-485頁。

西至大渠（後缺）

　　戶劉保定

　　都受田陸拾畝。請東河灌進渠地壹段共陸拾畝，東至子渠及景願富，西至大渠，南至董進盈，北至大渠。

　　　　　　　　　　　　至道元年乙未歲正月一日人戶劉保定戶。

　　戶景願富

　　都受田伍拾伍畝。請東河灌進渠地壹段伍拾伍畝，東至官荒，西至子渠及劉保定，南至鹵，北至大渠。

　　　　　　　　　　　　至道元年乙未歲正月一日人戶景願富戶。

▲ P.3290《宋至道元年正月沙州曹妙令等戶狀》（局部）

　　戶董長兒

　　都受田壹頃陸拾伍畝。請東河灌進渠地壹段共壹頃陸拾伍畝，東至澤，西至溝及董進盈並史善富，南至溝，北至史善富及黑家潢並小戶地。

　　　　　　　　至道元年乙未歲正月一日人戶董長兒戶。

戶董長兒

都受田參拾畝。請東河灌進渠地壹段共參拾畝，東至鹵坑，西至董進盈，南至大戶地，北至溝。

　　　　　　　　至道元年乙未歲正月一日人戶董長兒戶。

戶索昌子

都受田柒拾畝。請東河灌進渠地壹段共柒拾畝，東至大渠，西至高安三，南至子渠，北至索富住。

　　　　　　　　至道元年乙未歲正月一日人戶索昌子戶。

戶何石住

都受田壹頃拾畝。請東河灌進渠地壹段共壹頃拾畝，東至大渠，西至荒，南至官田，北至高安三。

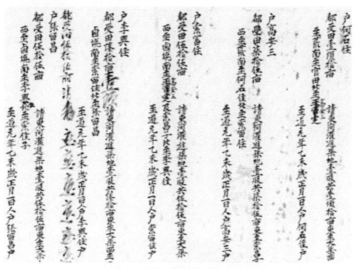

▲ P.3290《宋至道元年正月沙州曹妙令等戶狀》（局部）

　　　　　　　　至道元年乙未歲正月一日人戶何石住戶。

戶高安三

都受田柒拾伍畝。請東河灌進渠地壹段共柒拾伍畝，東至索昌子，西至荒，南至何石住，北至索富住。

　　　　　　　　　至道元年乙未歲正月一日人戶高安三戶。

戶索富住

都受田伍拾伍畝。請東河灌進渠地壹段共伍拾伍畝，東至大渠，西至鹵坑，南至高安三及索昌子，北至李興住。

　　　　　　　　　至道元年乙未歲正月一日人戶索富住戶。

戶李興住

都受田陸拾畝。請東河灌進渠地壹段共陸拾畝，東至大渠，西至鹵坑，南至索富住，北至張富昌。

　　　　　　　　　至道元年乙未歲正月一日人戶李興住戶。

戶張富昌

都受田伍拾伍畝。請東河灌進渠地壹段共伍拾伍畝，東至大渠，西至鹵坑，南至李興住，北至索住子。

　　　　　　　　　至道元年乙未歲正月一日人戶張富昌戶。

戶索住子

都受田伍拾伍畝。請東河灌進渠地壹段共伍拾伍畝，東至大渠，西（後缺）

　　「戶狀」的登錄形式及其變化，既反映了唐宋之際經濟法律的逐漸規範和嚴密，如土地所有權的轉移，「到官府辦理過戶手續是必不可少的程序」。[138]又是晚唐五代宋初土地制度變化的真實寫照，這正如王國

---

138 鄭顯文：《唐代律令制研究》，北京大學出版社 2004 年版，第 124 頁。

維在《宋初寫本敦煌縣戶籍跋》中所説：

　　雍熙二年籍，鄧永興戶下尚注妻與弟姓名，而不注年歲。至道元
年籍，則但有戶主姓名。蓋沙州此時純就田課税，不就丁課税矣。所
請之田，亦無定制。鄧永興受二十畝，何石住受一頃十畝，高安三受
七十五畝，蓋視力之所能耕者受之。至是而後，周隋唐以來之舊制，
並其名而亦亡之矣。[139]

　　歸義軍時期，賦税制度發生了重大變化，即主要是據地而税。正
是由於據地而税，因此歸義軍政權對民戶土地的變動不再多加干預，
而更加關注土地所有權的轉移。因土地擁有者將要承擔賦役，「戶狀」
就是其土地所有權轉移的法律標誌。

　　由於要按「戶狀」登錄的土地徵收賦税，歸義軍政權就格外重視
「戶狀」的制定和保管，但「戶狀」並不是每年制定或改寫。為了使占
有土地與承擔賦役相一致，歸義軍政權還在兩次制定或改寫「戶狀」
之間，檢查「戶狀」，如 S.6330《年代不明（十世紀）諸色觔斗人破曆
算會牒殘卷》[140]中就有「粟貳斗，宋孔目檢戶狀來看用」的記載。這種
檢查，既保證了土地占有與繳納賦税的一致，又為下一次制定或改寫
「戶狀」做好了準備。

　　民戶的土地，不論是原有，還是通過請射、賣買或交換所得，只
要經過歸義軍官府的認可，即登錄到「戶狀」上，就有了合法性，也

---

139 王國維：《觀堂集林》卷二十一《宋初寫本敦煌縣戶籍跋》，中華書局 2004 年版，第
　　1033 頁。
140 文書圖版見《英藏敦煌文獻（漢文佛經以外部分）》第十一卷，四川人民出版社 1994
　　年版，第 13 頁。錄文見《釋錄》第三輯，第 562 頁。

就是文書上所説的「人官措案為定」。

（原載《中國歷史文物》2006 年第 3 期，略有增補修改。孫繼民先生的《唐宋之際歸義軍戶狀文書演變的歷史考察》，載《中國史研究》2012 年第 1 期，對「戶狀」進行了比較全面的探討，請參閱）

二、請田中的「于官納價」

關于歸義軍時期（848-1036）的土地制度，國內外學者已作了一些有益的探討，筆者也曾給予關注，曾認為歸義軍政權實行的是請田制度，這一制度是均田制的延續，或者説請田制取代了均田制，從而將請田作為與均田一樣的一種制度來看待。[141]

在拙著出版後，偶然讀到鄭學檬先生的大作《關於「均田制」的名稱、含義及其和「請田」關係之探討》[142]一文，鄭先生對均田和請田提出了一些顛覆性的論點。如認為我們一般所説的「均田制」，北魏時人並不叫「均田制」，而是叫「地令」；武德七年、開元二十五年所謂的「均田令」，其實都叫「田令」。從《冊府元龜》卷四九五《田制》記北魏李安世上疏後稱「後均田之制起於此矣」可知，宋人最早把北魏以來的「地令」、「田令」冠以「均田制」之名，宋人是「均田制」冠名權的擁有者。「從恢復歷史真實而言，最好取消『均田制』的提法，恢復《田令》的原來名稱。」「均田制」的誤區就在於北齊到唐有丁男口分田八十畝的規定，因為有這個數額，於是就有授田足與不足及「均田制」是否實行的爭論。實際上，「均田」並不是平均分配土

---

141 參閱劉進寶：《唐宋之際歸義軍經濟史研究》，第 18-40 頁。

142 載方行主編：《中國社會經濟史論叢：吳承明教授九十華誕紀念文集》，中國社會科學出版社 2006 年版。

地，「均」也不是平均的意思，「均」是指在一個地區實行「各得其分」的土地政策，即該多的多，該少的少，但都該有。一丁百畝是均，一丁十畝也是均，不必按一個標準去求「制」的統一。

鄭先生指出，「請田制度是歷代處理官荒地的一種辦法，而不是興於唐宋的一種重要的土地管理制度。」請田「是秦漢以來官、民獲得土地應履行的程序或者手續」。「執行請田手續後取得的土地是合法的，不執行請田手續而取得的土地是不合法的，叫『兼併』。」「在『均田制』實施時期，請田和給田、退田一樣是口分田還受的一項手續，也是其程序之一。請田不是『均田制』破壞以後才出現的。」

鄭先生的研究讓筆者很受啟發，一些以前似是而非或心有疑慮之處，有了更加清醒的認識。即請田是一種方式，而不是一種制度，它既存在於均田制瓦解後，也存在於均田制實行時期，甚至在均田制實行前就有請田。

關于歸義軍政權的請田，學術界已進行了一些初步探討，[143]對請田的過程、範圍等已有了一些比較一致的看法，但有一點大家都沒有涉及，即請田需向官府繳錢。

請地不僅要得到官府的批准，而且不是無償的，而是有償的。

如 P.3501 背《後周顯德五年（西元 958）押衙安員進等牒》[144]第三件文書：

---

143 唐剛卯：《唐代請田制度初探》，載《敦煌學輯刊》1985 年第 2 期；楊際平：《唐末宋初敦煌土地制度初探》，載《敦煌學輯刊》1988 年第 1、2 期合刊；陳國燦：《德藏吐魯番出土端拱三年（西元 990）歸義軍「都受田簿」淺釋》，載敦煌研究院編：《段文傑敦煌研究五十年紀念文集》，第 226-233 頁；陳國燦：《從歸義軍受田簿看唐後期的請田制度》，見同氏《敦煌學史事新證》，第 301-326 頁。

144 文書圖版見《法藏西域敦煌文獻》第二十四冊，上海古籍出版社 2002 年版，第 365 頁。錄文見《釋錄》第二輯，第 302 頁。

1.　　　　　押衙安_{員進}　　　右_{員進}

2. 戶口繁多，地水窄少，昨於千渠下尾道南有荒地兩曲子，

3. 欲擬_{員進}于官納價請受佃種，恐怕官私攪擾，及水司把勒，

4. 伏乞令公鴻造，特賜判印。伏聽憑由，裁下處分。

「于」，據先秦典籍文獻記載：「又往也」。《故訓彙纂》也引用《尚書》、《詩經》等文獻，指出：「于，往也。」[145]因此，「于官納價」即「往官納價」，也就是向官府繳錢。由此亦可知道，安員進欲請射荒地，需「于官納價」，即向官府繳納一定數量的錢，才能「請受佃種」。

這裡的「荒地」自然是無主的，它就屬於政府，故需向「官納價」才能佃種。可見耕地是需「于官納價」的，而宅舍更需「于官納價」。如本號文書第四件[146]：

1. 押衙安_{員進}　右_{員進}屋舍窄狹，居止不寬。今欲_{員進}自舍

2. 西勒有空閒官地壹條，似當不礙之人，東西壹仗，南北伍

3. 拾尺，欲擬_{員進}于官納價請受修飾。伏乞　令公鴻造惠照，

4. _{員進}屋舍窄狹，支與空閒舍地，伏請判驗，裁下處分。

5. 牒件狀如前，謹牒。　　顯德伍年四月　日押衙安_{員進}牒

可見，安員進欲占有「空閒官地」，自造宅舍，也需「于官納價」，即請受地、宅舍，均不是無償的。

同類的文書還有 S.3876《宋乾德六年（西元 968）九月釋門法律慶

---

145 宗福邦等主編：《故訓彙纂》，商務印書館 2003 年版，第 56 頁。

146 文書圖版見《法藏西域敦煌文獻》第二十四冊，第 365 頁。錄文見《釋錄》第二輯，第 302-303 頁。

深牒》¹⁴⁷：

1. 釋門法律_{慶深}

2. 　　右_{慶深}祖業教（較）少，居止不寬，於儒風坊巷張祐子院

3. 中有張清奴絕嗣舍兩口，今_{慶深}于

4. 官納價訖。伏恐後時，再有攪擾。特乞

5. 臺造判印

6. 憑由，伏聽　　處分。

7. 牒件狀如前，謹牒。

8. 　　乾德六年九月　日釋門法律_{慶深}牒

　　從此件文書可知，張清奴因絕嗣，即沒有繼承人，故其戶絕後，其宅舍也就由官府所有了。因此慶深欲占有這兩口舍地，就于官納價。當向「官納價訖」後，怕以後再有攪擾，故要求官府給予憑由。可見，納價、給憑由是請射地、舍的兩個主要環節。

　　請地需出價，P.4974《唐天復年代神力為兄墳田被侵陳狀並判》¹⁴⁸也從側面為我們提供了啟示。該文書雖未能明確提到請地需「于官納價」，但從字裡行間卻可以反映出來，為便於說明，現轉引如下：

（前缺）

1. ▭▭▭▭

---

147 文書圖版見《英藏敦煌文獻（漢文佛經以外部分）》第五卷，四川人民出版社 1992 年版，第 186 頁。錄文見《釋錄》第二輯，第 305 頁。

148 文書圖版見《法藏西域敦煌文獻》第三十三冊，上海古籍出版社 2005 年版，第 325 頁。錄文見《釋錄》第二輯，第 292 頁。

2. 右㮚力去前件回鶻賊來之時，不幸家兄陣上身亡。

3. 緣是血腥之喪，其灰骨將入積代墳墓不得，伏且

4. 亡兄只有女三人，更無腹生之男，遂則神力兼侄女，依

5. 故曹僧宜面上，出價買得地半畝，安置亡兄灰骨。後

6. 經二十餘年，故尚書阿郎再製戶狀之時，其曹僧

7. 宜承戶地，被押衙朗神達請將。況此墓田之後，亦無言語。

8. 直至

9. 司空前任之時，曹僧宜死後，其朗神達便論前件半

10. 畝墳地。當時依衙陳狀，蒙判鞫尋三件，兩件憑

11. 由見在，稍似休停。後至京中尚書到來，又是澆卻，再

12. 亦爭論，兼狀申陳。判憑見在，不許校（攬）擾，更無啾唧。

13. 昨來甚事不知，其此墓田被朗神達放水瀾澆，連根耕

14. 卻。堂子灰骨，本末不殘。如此欺死劫生，至甚受屈。凡為

15. 破墳壞墓，亦有明條。況此不遵判憑，便是白地天子

16. 澆來五件此度全耕，攪亂幽魂，擬害生眾。伏望

17. 司空仁恩照察，請檢前後憑由，特賜詳理，兼

18. 前狀，謹連呈過，伏聽　裁下　處分。

19. 牒件狀如前，謹牒。

20. 　　　天復□□□

21. 　付都□□□□□

（後缺）

　　從此文書可知，在二三十年前，神力家兄死亡，神力與侄女便在曹僧宜的一大塊土地中「出價買得地半畝，安置亡兄灰骨。」二十多年後，當「故尚書阿郎再製戶狀之時」，即重新調查戶口、分配土地之

時，不知什麼原因，朗神達便請得曹僧宜的承戶地，並可能「于官納價」。由於是整塊地請得，再加上曹僧宜要退地，歸義軍政權收地，朗神達請地，三者各有心思，或者說都沒有認真過細地對待，因此當時並未明確此地中的半畝墳地該如何界定。但當曹僧宜死後，已沒有證人，朗神達便因其「請地」是「于官納價」並經官府同意的，在戶籍上整塊地請得，即占有曹僧宜完整的一塊「承戶地」，故來論說此地中的半畝墳地。在這裡，不排除朗神達憑藉其「押衙」即地方官員的身分欺人的可能，但請地時「于官納價」、在戶籍上整塊地都屬於自己可能是最主要的原因。

我們說「請地」是有償的，要「于官納價」，即向官府繳錢，不僅僅是歸義軍時期敦煌的特例。因為在其他史籍文獻中也有相似的記載，如前蜀在西元九〇八年，改唐天復八年為蜀武成元年，在其春正月壬午的改元赦文中曰：

今年正月九日已前應在府及州縣鎮軍人百姓，先因侵欠官中錢物，或保累填賠官中收沒屋舍莊田，除已有指揮及有人經管收買外，餘無人射買者，有本主及妻兒見在無處營生者，並宜給還卻，據元額輸納本戶稅賦。[149]

由此可知，被官府沒收的「莊田」，除「已有指揮」即由政府直接經營和「有人經管收買外」，其「餘無人射買者」，即沒有人出錢購買。[150]

---

149 （清）吳任臣撰，徐敏霞、周瑩點校：《十國春秋》卷三十六《前蜀二·高祖本紀下》，中華書局 1983 年版，第 506 頁。

150 武建國：《五代十國土地所有制研究》，中國社會科學出版社 2002 年版，第 61 頁。

　　從「經管收買」和「無人射買」可知，請射田土要向官府繳錢，即「于官納價」。

　　從歸義軍政權的請田不是無償的，而是需向官府繳錢，到前蜀政權的「經管收買」和「射買」可知，地處西北邊陲的敦煌歸義軍政權，雖然其歷史發展有一定的特殊性，但在發展趨勢上卻與中原王朝相一致。

　　（本部分主體曾以《歸義軍政權請田中的「于官納價」》為題，發表於韓國《東西文化交流研究》第6輯，韓國星星出版社2003年版）

三、「不辦承料」別解

　　據敦煌文書 P.2222 背（1）《唐咸通六年（西元865）正月張祗三請地狀》[151]記載：

1. 敦煌鄉百姓張祗三等　　　狀
2. 　　　　僧詞榮等北富（府）鮑壁渠上口地六十畝。
3. 　　右祗三等，　司空准　敕矜判入鄉管，未
4. 　　請地水。其上件地主詞榮口云：其地不辦承料。
5. 　　伏望
6. 　　將軍仁明監照，矜賜上件地，乞垂處　分。
7. 牒件狀如前，謹牒。
8. 　　　　　咸通六年正月　日百姓張祗三謹狀

---

151 文書圖版見《法藏敦煌西域文獻》第九冊，上海古籍出版社1999年版，第229頁。
　　錄文見《釋錄》第二輯，第468頁。

　　本件文書是說，詞榮等有口分地六十畝，但由於本人說「其地不辦承料」，張祗三就可以提出請射。那麼，何為「不辦承料」？為什麼「不辦承料」，別人就可以請射？

　　論者大都認為，「不辦承料」就是不為國家承擔賦稅。在封建社會中，絕不允許耕種土地而不為國家承擔賦稅，故別人可以請射。如唐剛卯先生在《唐代請田制度初探》[152]一文中，利用本件文書和 S.3877 背文書，認為「敦煌歸義軍時期的土地私有權是以承擔賦稅為前提條件的，如果不承擔賦稅，便可以由別人請射這塊土地。」陳國燦先生指出：「歸義軍時期，即使有主的土地，如果『不辦承料』，即不繳納官府賦稅差科，也可以作為請占的對象。」[153]謝重光先生認為：「不辦承料」就是「指百姓負擔不起官府沉重的賦稅徭役」，並以 P.2222 背《唐咸通六年（西元 865）正月張祗三請地狀》為例作了說明，指出張祗三的六十畝地「因不辦承料而被迫放棄。」同時認為，「承料役次」就是「指百姓向官府承擔賦役」。[154]筆者以前也是這樣理解的。[155]

　　現在看來，這種理解可能是不正確的。這裡的「不辦承料」，應該是無力耕種，即「不辦營種」。由於土地所有者詞榮說，由於各種原因（人力少等），「其地不辦承料」，即無力耕種，故有能力耕種，且「未請地水」的張祗三便提出請射這一段土地。

　　同樣的情況，在 S.3877 背《戊戌年令狐安定請地狀》[156]中反映的

---

152 載《敦煌學輯刊》1985 年第 2 期。

153 陳國燦：《從歸義軍受田簿看唐後期的請田制度》，見陳國燦：《敦煌學史事新證》，第 307 頁；又見陳國燦：《唐代的經濟社會》，（臺北）文津出版社 1999 年版，第 80 頁。

154 見季羨林主編：《敦煌學大辭典》，上海辭書出版社 1998 年版，第 406 頁。

155 劉進寶：《歸義軍土地制度初探》，《敦煌研究》1997 年第 2 期。

156 文書圖版見《英藏敦煌文獻（漢文佛經以外部分）》第五卷，四川人民出版社 1992

更為明確，現轉引如下：

1. 洪潤鄉百姓令狐安完
2. 　　右安定一戶，兄弟二人，總受田拾伍畝，非常地少
3. 　　窄窘。今又同鄉女戶令狐什伍地壹拾伍畝，
4. 　　先共安完同渠合宅，連畔耕種。其
5. 　　地主今緣年來不辭（辦）承料，乏（恐）後別
6. 　　人攪擾，安完今欲請射此地。伏望
7. 司空照察貧下，乞公憑，伏請　處分。
8. 　　　　　戊戌年正月　日令狐安完

本件文書是說：令狐安定有兄弟二人，可說是有足夠的勞動力，但只有土地十五畝，「非常地少窄窘」。同時，其同鄉女戶令狐什伍有地十五畝。從「女戶」可知，令狐什伍家沒有男勞動力，憑一女戶，要耕種十五畝土地是很困難的。因此，同鄉令狐安定與令狐什伍「同渠合宅，連畔耕種」，即他們兩家的土地相連，[157]使用同一渠水灌溉。在修渠灌溉、種田、犁地、收割等方面互相照顧，實際上就是令狐安定幫助令狐什伍，將兩家三十畝土地在一起耕種。甚至可以說，令狐

年版，第 191 頁。錄文見《釋錄》第二輯，第 469 頁。本件文書中的「戊戌年」，池田溫、唐耕耦定為八七八年，榮新江定為九三八年，因為八七八年沙州無稱「司空」者，而 938 年曹元德已用「歸義軍節　度副使檢校司空」的稱號。見榮新江：《歸義軍史研究》，上海古籍出版社 1996 年版，第 108 頁。文書第四行的「不辭」即不能，相當於不辦。參閱江藍生等：《唐五代語言詞典》，上海教育出版社 1997 年版，第 30 頁。

157 S.466《後周廣順三年（953）龍章祐、祐定兄弟出典土地契》（《釋錄》第二輯，第 30 頁）乃章祐兄弟將其土地「只（質）典己蓮畔人」耕種，可見「連畔」即土地相連者。

十伍的十五畝土地實際上由令狐安定耕種，即令狐十伍有戶籍上的所有權，令狐安定有實際上的使用權。但畢竟令狐安定沒有這十五畝土地的所有權，故當令狐十伍「今緣年來不辦承料」，即無力耕種後，令狐安定「恐後別人攪擾」，即怕其他人來論說這十五畝土地的所有權，故「欲請射此地」，即將此十五畝土地的所有權歸己所有。

從此件文書所反映的實際情況來看，這裡的「不辦承料」就是無力耕種。與「不辦承料」有關的，還有 P.2222 背（2）《唐咸通六年（西元 865）前後僧張智燈狀》[158]：

1. 僧張智燈　狀
2. 　　右智燈叔侄等，先蒙　　尚書恩賜造，令
3. 　　將鮑壁渠地回入玉關鄉趙黑子絕戶地，永為口
4. 　　分，承料役次。先請之時，亦令鄉司尋問實虛，兩重判命。其
5. 　　趙黑子地在於澗渠下尾，鹹鹵荒漸，佃種
6. 　　不堪。自智燈承後，經今四年，總無言語，車牛人力，不離田畔，沙冀除練，似將
7. 　　堪種。昨通頗言：我先請射，懺吝苗麥，
8. 　　不聽判憑，虛效功力，伏望（以下空白）

---

158 文書圖版見《法藏敦煌西域文獻》第九冊，第 229 頁。錄文見《釋錄》第二輯，第 289 頁。

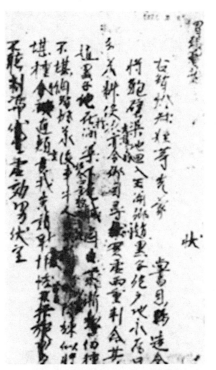

▲ P.2222 背《唐咸通六年前後僧張智燈狀》（部分）

　　從本件文書可知，張智燈經鄉司同意，請了趙黑子絕戶地「永為口分，承料役次。」即作為自己的份地，施功佃種。這裡的「承料役次」，也並非是指承擔官府的賦稅徭役，而是指耕種其土地，即「施功佃種」，也就是因趙黑子的地「鹹鹵荒漸，佃種不堪。自智燈承後，經今四年，總無言語，車牛人力，不離田畔，沙糞除練，似將堪種。」

　　敦煌文書中的「不辦承料」，應類似於吐魯番文書中的「不辦營種」。如《唐廣德四年（西元 766）正月西州高昌縣周思溫還田憑》[159]曰：

---

159 〔日〕池田溫：《中國古代籍帳研究》，第 445 頁。

1. □發者儀北渠口分部田一段貳畝。
2. 　　　右件地，比年長是周思溫佃種，今年無人力，不辨（辦）營種，今還
本主收領，恐臨時失計。　　廣德四年正月　日領田人憑
3. 本主收領，恐臨時失計。　　廣德四年正月　日領田人憑
（余白）

由此可知，周思溫租種別人的土地已好幾年，但由於「今年無人力，不辦營種」，便退還地主，不再租佃。這裡的「無人力，不辦營種」，與敦煌文書中的「不辦承料」應是一致的。

另如《唐□□二年曹忠敏租田契》[160]曰：

1. □□二年九月八日，曹忠敏於知田朱進明處取尊
2. 思廉等上件地。進明先於尊廉等邊散於人處租
3. 得。今不親（辦）營種，遂轉租與前件人。（後略）

從此件文書可知，朱進明從思廉處租佃二十九畝土地耕種，後可能由於朱進明家勞動力減少或從事其他勞務，對租佃的土地「不親（辦）營種，遂轉租與前件人」，即曹忠敏。由此可見，「不辦營種」就是自己不能或無力耕種，也即「不辦承料」，故轉租於他人。

關於本人無法耕種又轉租的情況，吐魯番文書中還有反映，如《唐鄧光□佃田契》[161]：

---

160 唐長孺主編：《吐魯番出土文書》錄文本第九冊，第 154-155 頁；圖錄本第四冊，第 345 頁。編者根據文書中的缺筆，將其定為乾元二年（西元 759）或上元二年（西元 761）。

161 《吐魯番出土文書》錄文本第十冊，第 307-308 頁；圖錄本第四冊，第 583 頁。

1. ⬚堂 南壕 北道
2. ⬚⬚⬚為無⬚⬚
3. ⬚四年營種，春⬚還
4. ⬚壹斗，其參粟立契⬚付
5. ⬚不還，即⬚⬚掣⬚⬚
6. ⬚參粟直，春秋稅子並仰
7. ⬚事，租渠⬚役，寺家不知。
8. ⬚先悔者，罰錢貳佰文
9. ⬚章，畫指為口
10. ⬚寺
11. ⬚地人鄧光⬚年⬚⬚
12. 保人妻張年廿五

從此契看，鄧光實從某寺（馬寺）租得土地耕種，租期為四年，即「四年營種」。但租期未到，他又將該地轉租於別人，《唐鄧光實轉租田畝契》[162]曰：

1. ⬚畝 東道 西佛堂 南壕 北道
2. ⬚日，客鄧光實先於馬
3. ⬚種不辦，今轉租與
4. ⬚依元契⬚⬚壹
5. ⬚田稅並佃人知。
6. ⬚渠百役寺家知。

---

162 《吐魯番出土文書》錄文本第十冊，第309-310頁；圖錄本第四冊，第584頁。

7. ☐☐仰依時
8. ☐☐身家具將
9. ☐☐或污文☐依
10.☐☐經如佃種
11.☐☐與營種。恐人
12.☐☐指為驗。

可見，作為佃客的鄧光實從馬寺租種土地後，不知由於什麼原因，未能等到四年期滿，由於「營種不辦，今轉租與」別人。可見「營種不辦」，即「不辦營種」，類似於敦煌文書中的「不辦承料」，即無力耕種。

吐魯番文書中的「不辦營種」、敦煌文書的「不辦承料」，應該相當於「無力耕佃」，如後晉天福七年（西元 942 年）晉高祖下詔曰：

鄧、唐、隨、郢諸州管界，多有曠土，宜令逐處曉喻人戶，一任開墾佃蒔。仍自開耕後，與免五年差徭。兼仰指揮，其荒閒田土本主，如是無力耕佃，即不得虛自占客，仍且與招攜到人戶，分析以聞。[163]

「辦」的基本含義是料理、處置。[164]「不辦」也就是不能、不勝任，這一意義在魏晉以來的佛經及中土文獻中非常普遍。[165]敦煌文書中

---

163 （清）董誥等編：《全唐文》卷一百一十六後晉高祖《令開墾曠土敕》，第 1183 頁。
164 王云路、方一新：《中古漢語詞例釋》，吉林教育出版社 1992 年版，第 10-12 頁。
165 江藍生：《魏晉南北朝小說詞語彙釋》，語文出版社 1988 年版，第 21 頁；王云路、方一新：《中古漢語詞例釋》，第 51-52 頁。

的「不辦」，一般也是指不能。如伯希和藏文文書 1297 背《子年二月二十三日孫清便粟契》[166]曰：孫清借粟後：

如身有東西不在，及依限不辦填還，一仰保人等，依時限還足。

這裡的「不辦填還」，即是無力填還、不能填還的意思。

S.2589《中和四年（西元 884）十一月一日肅州防戍都營田索漢君等狀》[167]有：

淮詮郎君擬從嗢末使發來，緣裝束不辦，發赴不得。

這裡的「裝束不辦」就是「不辦裝束」，即沒有或無力辦理上路的行裝。

P.3214 背《唐天復七年（西元 907）高加盈出租土地充折欠債契》[168]曰：高加盈因欠麥兩碩、粟壹碩「填還不辦」，才出租土地，「充為物價」，即充折欠債。這裡的「填還不辦」，就是「無力填還」，那「不辦承料」也就是「無力耕種」。

P.3649 背《後周顯德四年（西元 957）吳盈順賣田契》[169]曰：吳盈順「伏緣上件地水，佃種往來，施功不便」，才出賣這塊土地。這裡的

166　文書錄文見《釋錄》第二輯，第 78 頁。

167　文書圖版見《英藏敦煌文獻（漢文佛經以外部分）》第四卷，四川人民出版社 1991 年版，第 111 頁。錄文見榮新江：《歸義軍史研究》，第 303-304 頁。

168　文書圖版見《法藏敦煌西域文獻》第二十二冊，上海古籍出版社 2002 年版，第 182 頁。文書錄文見《釋錄》第二輯，第 27 頁。

169　文書圖版見《法藏敦煌西域文獻》第二十六冊，上海古籍出版社 2002 年版，第 232 頁。文書錄文見《釋錄》第二輯，第 11 頁。

「佃種」、「施功」相當於「承料役次」。

關於賦稅的繳納，出土文書和史籍文獻都有含義明確的記載，如 S.1475 背《酉年十一月行人部落百姓張七奴便麥契》[170]載：

> 行人部落百性（姓）張七奴為納突不辦，於靈圖寺僧海清處便佛麥陸碩。

本件文書中的「突」是指「突稅」。吐蕃占領敦煌後，實行突田制，其一「突」約相當於唐代的十畝。耕種其土地所繳納的賦稅就是「突田」、「突稅」。[171]「繳納突稅」可簡稱為「納突」。這裡的「納突不辦」，就是「不能納突」、「無力納突」。

另外，S.1475《未年（西元 827）十月三日上部落百姓安環清賣地契》[172]曰：

> 未年十月三日，上部落百姓安環清，為突田債負，不辦輸納，今將前件地出買（賣）與同部落人武國子。

這裡明確説，安環清由於「突田債負，不辦輸納」，即無力繳納「突稅」才不得不出賣其土地。

由此可見，吐蕃時期的繳納賦稅稱為「納突」，「納突」也即「輸

---

170 文書圖版見《英藏敦煌文獻（漢文佛經以外部分）》第三卷，四川人民出版社 1990 年版，第 75 頁。錄文見《釋錄》第二輯，第 84 頁。本件文書唐耕耦定作八一七年（？），沙知定作八二九年（？），見沙知：《敦煌契約文書輯校》，第 113-114 頁。

171 參閱姜伯勤：《突地考》，載《敦煌學輯刊》1984 年 1 期。

172 文書圖版見《英藏敦煌文獻（漢文佛經以外部分）》第三卷，第 74 頁。文書錄文見《釋錄》第二輯，第 1 頁。

納」，不能繳納賦稅為「不辦輸納」。

再如 P.3774《丑年（西元 821）十二月沙州僧龍藏牒》[173]中有「當戶突稅」、「納突每年廿馱」、「突田大家輸納」等記載。

同樣的情況，在史籍文獻中也有記載，如《唐會要》曰：

會昌元年（西元 841）正月制……諸道頻遭災沴，州縣不為申奏，百姓輸納不辦，多有逃亡。長吏懼在官之時，破失人戶。或恐務免正稅，減克料錢，只於見在戶中，分外攤配。亦有破除逃戶桑地，以充稅錢。逃戶產業已無，歸還不得，見在戶每年加配，流亡轉多。[174]

這裡的「輸納不辦」，就是指不繳納賦稅。而從前後文可知，乃是由於災難嚴重，百姓無力繳納。其意義與上引敦煌文書中的「納突不辦」、「不辦輸納」是一樣的。

認為「不辦承料」就是不繳納賦稅的學者，主要是將「承料」理解為賦稅，那麼「承料」應是何意呢？

敦煌文書中的「承」並沒有特別的意義，一般是指「承受」、「承載」、「承擔」，如某某「承地」、「承戶」等，這裡就是某某的「地」、某某這一戶。「承地」即地的主人，「承戶」即戶主。如 P.3257《後晉開運二年（西元 945）寡婦阿龍等口分地案牒》[175]云：「其地佛奴承受」，這裡的「承」也就是「受」[176]，「承受」為同義複合，即佛奴得到了這

173 文書圖版見《法藏敦煌西域文獻》第二十八冊，第 10 頁。錄文見《釋錄》第二輯，第 283-286 頁。

174 （宋）王溥：《唐會要》卷八十五《逃戶》，第 1856 頁。

175 文書圖版見《法藏敦煌西域文獻》第二十二冊，第 317-318 頁。文書錄文見《釋錄》第二輯，第 296 頁。

176 宗福邦等主編：《故訓彙纂》，第 308、806 頁。

段土地，成了該地的主人。又如 P.4974《唐天復年代神力為兄壙田被侵陳狀並判》[177]中云「其曹僧宜承戶地，被押衙朗神達請將」，就是指曹僧宜是這一塊土地的主人。

另如唐開元二十五年（西元 737）田令第六條曰：「諸永業田，皆傳子孫，不在收授之限。即子孫犯除名者，所承之地亦不追。」[178]這裡「所承之地」的「承」，乃是指繼也、續也。[179]「所承之地」即所繼承的土地，也就是指本人的地，即地的主人。

關於「料」，雖然有「應役」這一意思，[180]如王梵志詩第二百七十九首「身役不肯料，逃走背家裡」[181]；《太平廣記》卷三十二《顏真卿》曰：「楊國忠怒其不附己，出為平原太守。安祿山逆節頗著，真卿托以霖雨，修城浚壕，陰料丁壯，實儲廩。」[182]但絕大部分都沒有此項意義，更沒有「賦稅」的含義。「不辦承料」中的「料」，乃是指動詞「料理」，並非是名詞，更不是指賦稅。

「料」的料理、處理義，早在南北朝時就存在了，如劉義慶《世說新語》卷上《政事》載：「丞相嘗夏月至石頭看庾公，庾公正料事。」[183]這裡的「料」顯然是指料理、處理。「承」也有「事」的含義，[184]「承料」二字也屬於同義複合，即料理、處理。

---

177 文書圖版見《法藏敦煌西域文獻》第三十三冊，上海古籍出版社 2005 年版，第 325 頁。文書錄文見《釋錄》第二輯，第 292 頁。

178 轉引自戴建國：《唐〈開元二十五年令·田令〉研究》，載《歷史研究》2000 年第 2 期。

179 宗福邦等主編：《故訓彙纂》，第 860 頁。

180 江藍生、曹廣順：《唐五代語言詞典》，上海教育出版社 1997 年版，第 232 頁。

181 項楚校注：《王梵志詩校注》，上海古籍出版社 1991 年版，第 691 頁。

182 《太平廣記》卷三十二《顏真卿》，中華書局 1986 年版，第 206 頁。

183 徐震堮校箋：《世說新語校箋》，中華書局 1984 年版，第 98 頁。

184 宗福邦等主編：《故訓彙纂》，第 860 頁。

　　總之,「辦」,《集韻》謂「具也」。「不辦」乃不具、不能也;「承料」猶「承擔、料理」。因此,「不辦承料」即不具有能力承擔營種之責,亦即無力營種。

　　由以上論述可知,不繳納官府的賦稅,在史籍文獻和出土文書中是以「輸納不辦」、「不辦輸納」、「納突不辦」的形式反映的。敦煌文書中的「不辦承料」,相當於吐魯番文書中的「不辦營種」、史籍文獻中的「無力耕佃」,即無法料理,也就是無力耕種,不能耕種。「其地不辦承料」,即沒有能力耕種這些土地;「承料役次」亦即施功佃種。

　　(原載《文史》2005 年第 3 期。張小豔《「不辦承料」辨證》,載《文史》2013 年第 2 輯和《敦煌社會經濟文獻詞語論考》,上海人民出版社 2013 年版第 195-209 頁「不辦承料」,主要從文字角度對「不辦承料」進行了釋讀,請參考)

第四節　唐五代「稅草」所用量詞考釋

　　關於唐五代稅草的徵收量詞,不論傳世文獻,還是出土文書,大都語焉不詳。筆者試圖利用出土文獻與傳世文書,對其加以考論。

　　從傳世文獻和敦煌吐魯番文書可知,唐五代時期稅草是據地徵收的,在徵收、運輸和使用中,草基本上以「束」為計量單位,如吐魯番文書《武周某館驛給乘長行馬驢及粟草帳》[185]中就有「草壹拾貳束」、「草拾束」、「草貳拾柒束」、「草肆束」、「草伍束」等記載。再如吐魯

---

185 唐長孺主編:《吐魯番出土文書》錄文本第七冊,第 465-466 頁;圖錄本第三冊,第531頁。

番文書《唐西州高昌縣出草帳》[186]共有十九行，其中第七至九行為：

康守相貳畝柒束　　大女□小綠貳畝柒束　　張元感壹畝半肆束半
氾和敏貳畝柒束　　樊申陀貳畝柒束　　馬蒽元壹畝半
孫元敬貳畝柒束　　□□寺貳拾捌束　　□元寺貳拾貳

第十九行為：

崇聖寺拾肆畝肆拾玖束

另如元稹《彈奏劍南東川節度使狀》曰：

嚴礪又於管內諸州，元和二年兩稅錢外，加配百姓草共四十一萬四千八百六十七束，每束重一十一斤。[187]

有時候，草的計量單位也被寫作「團」。如《太平廣記》曰：

唐裴延齡累轉司農少卿，尋以本官權判度支。……又奏請：令京兆府兩稅青苗錢，市草百萬團，送苑中。宰臣議，以為若市草百萬團，則一方百姓，自冬歷夏，搬運不了，又妨奪農務。其事得止。[188]

---

186 《吐魯番出土文書》錄文本第九冊，第23-25頁；圖錄本第四冊，第262-263頁。

187 （唐）元稹撰，冀勤點校：《元稹集》卷三十七《彈奏劍南東川節　度使狀》，第420頁。

188 《太平廣記》卷二百三十九《裴延齡》，第1843頁。又見周勳初：《〈唐人軼事彙編》，上海古籍出版社1995年版，第888頁。

這裡的「團」為何意？則不得解。

《舊唐書》卷一百三十五《裴延齡傳》載：

> 其年（貞元八年），遷戶部侍郎、判度支，奏請令京兆府以兩稅青苗錢市草百萬圍送苑中。宰相陸贄、趙憬議，以為：「若市送百萬圍草，即一府百姓，自冬歷夏，般載不了，百役供應，須悉停罷，又妨奪農務。請令府縣量市三二萬圍，各貯側近處，他時要即支用。」[189]

《太平廣記》和《舊唐書》所載，顯系一回事，一寫作「團」、一寫作「圍」。我們認為，應以「圍」為是（見下引文），至於寫作「團」，乃是「團」「圍」形近訛誤造成的。

至於「圍」和「束」的關係，我們認為，「圍」有兩種含義：第一種含義為大概念，即一圍等於十束，如上引《舊唐書》卷一百三十五《裴延齡傳》曰：「奏請令京兆府以兩稅青苗錢市草百萬圍送苑中。」裴延齡的這一奏議遭到了宰相陸贄等人的反對，陸贄為此還專門有《論度支令京兆府折稅市草事狀》，內曰：「度支奏……請令京兆府折今年秋稅和市草一千萬束，便令人戶送入城輸納。」[190]由此可見，「百萬圍」等於「一千萬束」，即一圍等於十束。另外，《新唐書》卷一百六十七《裴延齡傳》也載有此事，只不過記載略有不同，即「又請以京兆苗錢市草千萬，俾民輸諸苑」。[191]《舊唐書》本傳所說「百萬圍」，《新唐書》本傳又成了「千萬」，這裡的「千萬」自然是「束」而非「圍」。

---

189 《舊唐書》卷一百三十五《裴延齡傳》，第3720頁。

190 （清）董誥等編：《全唐文》卷四百七十五陸贄《論度支令京兆府折稅市草事狀》，第4848頁。

191 《新唐書》卷一百六十七《裴延齡傳》，第5106頁。

　　我國西北地區，長期以來，在夏收時，就將小麥捆為一捆一捆，每十捆再攏為一攏，即八捆以金字塔型立起，二捆作為蓋子蓋在上面，這樣既可防雨，又可防潮，待曬乾農閒時，將其拉到場上碾草打糧。

　　這裡我們所說的「捆」，實際上就是「束」，因為這類量詞原本都是動詞的借用，現代漢語動詞用的是「捆」不是「束」，所以量詞當然也跟著用「捆」，而不用「束」。[192]

　　用「束」來表示飼草的數量，在我國西北地區是有傳統的。《居延漢簡釋文合校》載：「今餘茭五千六百五十束」（3·15）[193]；「出茭九束，正月甲子以食□□」（24·5）[194]；「□丙辰出茭卅束食傳馬八匹，出茭八束食牛」（32-15）[195]；「出錢卅買茭廿束」（140-18B）；「定作卅人伐茭千五百束，率人五十束，與此三千八百束」（168.21）[196]。《居延新簡》一書又載：「受六月餘茭千一百五十七束」（E.P.T52：85）[197]；「馴望隧茭千五百束直百八十；平虜隧茭千五百束直百八十；驚虜隧茭千五百束直百八十。凡四千五百束直五百卅尉卿取當還卅六口。」（E.P.T52：149A）[198]。何為「茭」？《說文》云：「茭，乾芻。」[199]南唐徐鍇《說文解字繫傳》云：「刈取以用曰芻，故曰『生芻一束』；乾之

192　劉世儒：《魏晉南北朝量詞研究》，中華書局 1965 年版，第 244 頁。

193　謝桂華、李均明、朱國照：《居延漢簡釋文合校》，文物出版社 1987 年版，第 2 頁。

194　《居延漢簡釋文合校》，第 35 頁。

195　《居延漢簡釋文合校》，第 49 頁。

196　《居延漢簡釋文合校》，第 270 頁。

197　甘肅省文物考古研究所等編：《居延新簡》，文物出版社 1990 年版，第 233 頁。

198　《居延新簡》，第 239 頁。

199　（漢）許慎：《說文解字》卷一下「艸部」，中華書局 1963 年影印本，第 25 頁上。

曰茭，故《尚書》曰『峙乃芻茭』。」[200]簡言之，「茭」即飼養牲畜用的乾草。至於青草，徐鍇所云「生芻一束」，語出《詩·小雅·白駒》：「生芻一束，其人如玉。」「生芻」即未曬乾的青草。漢簡中也有關於青草的記錄。《居延漢簡釋文合校》有云：「……出廿五毋菁十束，出十八韮六束」（175-18）[201]；「需薽十束」（213-50）[202]。而據《說文》，「菁」乃韮花，「薽」即茅草芽，自然均是青草而非乾草。它說明，居延地區韮菜、韮菜花、茅草芽均是用「束」表其數量的。從《詩經》到漢代，青草、乾草（茭）一直是用「束」作計量單位的。[203]由吐魯番文書、敦煌文書可知，魏晉南北朝隋唐五代宋初，西北地區的草一直是用「束」作計量單位。

「圍」的第二個含義為小概念，它與「束」相同，即一圍等於一束。如吐魯番文書《唐開元二十二年（西元 734）楊景璿牒為父赤亭鎮將楊嘉麟職田出租請給公驗事》[204]內有：

楊嘉麟職田地七十六畝別粟六斗，計冊五石六斗，草一百五十二圍。

這裡的「圍」就等於「束」。

在這裡，我們說一圍等於一束，那一圍是多少呢？《唐六典》

200 （南唐）徐鍇：《說文解字繫傳》卷二，中華書局 1987 年影印本，第 21 頁上。

201 《居延漢簡釋文合校》，第 278 頁。

202 《居延漢簡釋文合校》，第 333 頁。

203 參閱鄧文寬：《〈20 世紀出土的第一支漢文簡牘〉獻疑》，載《中國文物報》2001 年 2 月 7 日。又見同氏《敦煌吐魯番天文曆法研究》，甘肅教育出版社 2002 年版，第 306 頁。

204 《吐魯番出土文書》錄文本第九冊，第 101-103 頁；圖錄本第四冊，第 313-314 頁。

卷十七《太僕寺・典廄署》職掌條云：「每圍以三尺為限也」[205]，即一圍是三尺。這在唐代《廄牧令》中也有記載：

諸象日給蒿六圍，馬、駝、牛各一圍，羊十一共一圍（每圍以三尺為限）。蜀馬與騾，各八分其圍，騾四分其圍，乳駒、乳犢五共一圍，青芻倍之。[206]

在仿照唐令所制定的日本令中，也有類似的記載，如日本《廄牧令》第一條曰：凡馬，日給「乾草各五圍，木葉二圍」，並加注曰：「經一尺，週三尺為圍」。[207]即直徑一尺、周長三尺為一圍。其《廄牧令》第二條曰：

凡馬戶，分番上下。其調草，正丁二百圍，次丁一百圍，中男（少丁）五十圍。[208]

由上可知，唐令與日本令都有記載：「每圍以三尺為限」。前已指出，一圍等於一束，那是否有證據證明呢？吐魯番文書為我們提供了明確的證據。如《吐魯番出土文書》第十冊載《唐上元二年（西元

---

205 《唐六典》卷十七《太僕寺・典廄署》，第 484 頁。
206 見〔日〕仁井田陞著、池田溫（編纂代表）：《唐令拾遺補——附唐日兩令對照一覽》，東京大學出版會 1997 年版，第 1379 頁。蜀馬較小，《唐六典》卷五《尚書兵部・駕部郎中》曰：「有山阪險峻之處及江南、嶺南暑濕不宜大馬處，兼置蜀馬。」（第 163 頁）故當馬給蒿一圍時，蜀馬就給五分之四圍。
207 《唐令拾遺補——附唐日兩令對照一覽》，第 1379 頁。
208 《唐令拾遺補——附唐日兩令對照一覽》，第 1380 頁。

761）蒲昌縣界長行小作具收支飼草數請處分狀》[209]：

1. 蒲昌縣界長行小作　　　　狀□

2. 　　　當縣界應營易田粟總兩頃，共收得□□參阡貳伯肆拾壹束每粟壹束准草壹束。

3. 　　　壹阡玖伯肆拾陸束縣□□□

4. □□□拾捌束上每壹束參尺參圍，陸伯肆拾捌束□□□

5. 　　　陸伯伍拾束下每壹束貳尺捌圍。

6. 　　　壹阡貳伯玖拾伍束山北橫截等三城□

7. 　　　肆伯參拾束上每壹束參尺參圍，肆伯參拾束每壹束捲尺壹圍，

8. 　　　肆伯參拾伍束下每壹束貳尺捌圍。

9. 以前都計當草參阡貳伯肆拾壹束具破用、見在如後。

10. 　　　壹阡束奉縣牒：令支付供蕭大夫下進馬食訖，縣城作。

11. 　　　玖伯束奉都督判命：令給維磨界游奕馬食，山北作。

12. 　　　壹阡參伯肆拾壹束見在。

13. 　　　玖伯肆拾陸束縣下三城作，參伯□□□束山北作。

14. 　　　右被長行坊差行官王敬賓至場點檢前件作草，使未至已前奉

15. 　　　都督判命及縣牒，支給、破用、見在如前，請處件狀，謹狀。

16. 牒　件　狀　如　前，謹　牒。

17. 　　　上元二年正月　日作頭左思訓等牒

18. 　　　　　　知作官別將李小仙

---

209 《吐魯番出土文書》錄文本第十冊，第252-253頁；圖錄本第四冊，第556-557頁。

從本件文書可知，飼草分為上中下三等，每束（捆）約為三尺，即上等每束參尺參圍，中等每束參尺壹圍，下等每束貳尺捌圍。為什麼將飼草分為三等呢？本件文書第二行明確標示：「每粟壹束准草壹束」，即地裡的收穫物粟是多少束（捆），其草也就應有多少束，這是相等的。因為在夏、秋收時，需將麥、粟捆為一束一束。用什麼來捆麥、粟呢？並不需要專備的繩子，而只是將麥、粟兩頭接起來就可以了。因為地的種類不同，既有水地、旱地，也有山地、川地，麥、粟的長短也就不一樣，被捆為一束一束的麥、粟就有了大中小三等，由此而產生的草也就有了上中下三等。

束草分為上中下三等，吐魯番文書也提供了證據。《吐魯番出土文書》第九冊所載《唐西州高昌縣狀為送闕職草事》[210]中有「闕職草壹阡小束」、「高昌□□□小束」的記載。這裡的「小束」，可能就是以上所說的下等。

上引文裡的「圍」，即「每壹束參尺參圍」、「每壹束參尺壹圍」、「每壹束貳尺捌圍」中的「圍」，是兩手合抱的意思。因為人們在捆麥、粟、草時，都是用兩手捆，其一捆（一束）大致和人的腰圍相等，即三尺左右，也就是每參尺參、參尺壹、貳尺捌被圍成一捆的意思。[211]

至於「分」，應是比「束」小的一個計量單位。元稹在《同州奏均田狀》中說：

---

210 《吐魯番出土文書》錄文本第九冊，第 118 頁；圖錄本第四冊，第 324 頁。

211 「圍」除上述大小兩個概念外，元稹在《彈奏山南西道兩稅外草狀》中曰：「山南西道管內州府，每年兩稅外，配率供驛禾草共四萬六千四百七十七圍，每圍重二十斤。」（見《元稹集》卷三十七，中華書局 1982 年版，第 428 頁。）這裡「每圍重二十斤」的「圍」，可能是特指，或特殊情況的反映，與上所論的「圍」有差異，現存疑。

臣當州百姓田地，每畝只稅粟九升五合，草四分。……其諸色職田，每畝約稅粟三斗，草三束……[212]

這裡「草四分」的數量不大明確，但從元稹的狀文中我們可得到有關信息：

從前所征觔斗升合之外，又有抄勺圭撮，錢草即有分釐毫銖。……臣今所征觔斗並請成合，草並請成分，錢並請成文。在百姓納數，元無所加，於官司簿書，永絕奸詐。其麼數粟、麥、草等，便充填所欠職田等數。[213]

在《同州奏均田狀》中，元稹建議，對於職田、公廨田、官田、驛田等：

臣今因重配元額稅地，便請盡將此色田地，一切給與百姓，任為永業，一依正稅粟草及地頭攉酒錢數納稅。其餘所欠職田、觔斗、錢草等，只於夏稅地上每畝加一合，秋稅地上每畝各加六合，草一分。[214]

由此也可知，「分」是草的一個計量單位。

既然「分」是比「束」小的一稅草徵收單位，那它們之間應該有一個比例關係。上面已說明，十束等於一圍，那一分為多少呢？我們估計，十分為一束。因為從「束」這一量詞的發展看，它常被用作「定

212 《元稹集》卷三十八《同州奏均田狀》，第436頁。
213 《元稹集》卷三十九《論當州朝邑等三縣代納夏陽韓城兩縣率錢狀》，第439頁。
214 《元稹集》卷三十八《同州奏均田狀》，第436頁。

數集合法」，即十個。如《禮記・雜記》：「納幣一束。」鄭玄注曰：「十個為束」；孔穎達疏曰：「一束謂十個也」。《儀禮・禮聘》鄭玄注也曰：「凡物十曰束」。[215]

這裡的「分」可能是西北農村將麥草等紮成一小把一小把的意思，十個小把相當於一束，即一捆。如目前在西北農村集貿市場上，常常把蔥、菜紮成二三斤的小把出售，但在冬季來臨前藏冬菜時，就紮成一捆一捆出售，每捆約二三十斤，相當於十小把。

我們說「束」與「捆」相同或相似，黑水城出土的西夏文獻提供了有力的證明。西夏時期的農業稅包括租、傭、草三項，並且也是據地納稅。其中的「租」是每畝繳納糧食一點二五升；「傭」的直譯是「職」，也可譯成「役」，即出役工；「草」是每畝地納草一捆（天盛年間後有所增加）。[216]

西夏草的計量單位是「捆」，關於「捆」的大小，《天盛律令》第十五「催繳租門」有「麥草七捆、粟草三十捆，捆繩四尺五寸、捆袋內以麥糠三斛入其中」[217]的記載。可見，西夏對草捆的大小是以捆繩的長度來規定的。四尺五寸的草繩所捆的草，周長也要有四尺有餘，這比唐代的一「束」周長三尺多要大，可能與西夏地畝面積較小有關。[218]

---

215 參閱劉世儒：《魏晉南北朝量詞研究》，第 243-244 頁。

216 參閱史金波：《西夏農業租稅考——西夏文農業租稅文書譯釋》，《歷史研究》2005 年第 1 期。

217 史金波、聶鴻音、白濱譯注：《天盛改舊新定律令》卷十五《催繳租門》，法律出版社 2000 年版，第 490 頁。

218 西夏的地畝面積是：「一邊各五十尺，四邊二百尺」，合二十五平方丈，即百步畝制。它與宋朝的二百四十步畝制不同，因而西夏的十畝約合宋朝的四點二畝，一百畝約合四十二畝。參閱白濱：《從西夏文字典〈文海〉看西夏社會》，載白濱：《西夏史論文集》，寧夏人民出版社 1984 年版，第 175 頁；杜建錄：《西夏經濟史研究》，甘肅文化出版社 1998 年版，第 14 頁。唐代也是二百四十步為一畝。

　　我們說「分」與「把」相當，在吐魯番文書中找到了證據。《高昌重光三年（西元 622）條列虎牙氾某等傳供食帳二》[219]載：

　　十月廿八日，掬郎阿住傳：麻參束壹拔（把），供大波帳上用。

　　《高昌重光三年（西元 622）條列康鴉問等傳供食及作坊用物帳》[220]有：

　　康鴉問傳：麻一綏（把），用緊練。

　　這裡的拔（把），顯然是比「束」小的一個量詞單位。

　　前已述及，「捆」就是「束」，S.11287N 有：

　　蔥貳佰束束準時價伍文，計錢壹仟文；
　　柴陸佰束束別參文伍，計錢貳仟壹佰文。[221]

　　另如吐魯番文書《唐大曆三年（西元 768）僧法英佃菜園契》[222]中有「園內起三月□□送多少菜，至十五日已後並生菜供壹拾束，束壹□」；在《唐孫玄參租菜園契》[223]中也有「拾束與寺家」、「收秋與介（芥）壹伯束」等記載。

219　《吐魯番出土文書》錄文本第三冊，第 170-171 頁；圖錄本第一冊，第 377 頁。
220　《吐魯番出土文書》錄文本第三冊，第 173 頁；圖錄本第一冊，第 379 頁。
221　文書圖版見《英藏敦煌文獻（漢文佛經以外部分）》第十三卷，四川人民出版社 1995 年版，第 204 頁。
222　《吐魯番出土文書》錄文本第十冊，第 292-293 頁；圖錄本第四冊，第 576 頁。
223　《吐魯番出土文書》錄文本第十冊，第 301-302 頁；圖錄本第四冊，第 580 頁。

這裡的蔥、菜為何以「束」相稱，殊不可解，但若將「束」看作「捆」，並了解西北的氣候、冬菜窖藏的特點等後，就可以明了的。

我們說一束等於十分，在日本令中也找到了相應的記載。唐田令曰：「諸田廣一步，長二百卅步為畝，百畝為頃。」根據這一唐令所制定的日本令則曰：「凡田，長卅步，廣十二步為段，十段為町」，並在下特別注明納租標準：

段租稻二束二把，町租稻廿二束。[224]

另日本《廄牧令》在談到馬牛羊等給料草時規定：

其乳牛，（日）給豆二升、稻二把，取乳日給。[225]

這裡的「稻」應該是指稻草，這裡的「把」相當於唐代的「分」。一段二束二把，十段（即一町）為廿二束，即十把等於一束，一把等於一分。

綜上所述，在唐五代的納草量詞中，一圍等於十束，一束等於十分，一束周長約為三尺上下。圍有大小兩種概念，大概念的圍即一圍等於十束的「圍」，小概念的圍與束相同，即一圍等於一束。由於民間習俗與地方特色，一分也可以稱為一把，即分與把相同或相似。

需要說明的是，作為稅草量詞之一的「分」，既不是稅草的徵納單位，也不是柴草常用的計量單位，它只是作為「束」的「畸零分數」，在向民戶按畝徵收柴草或隨貫加徵柴草時一種賬面上的計量單位，以

---

224 《唐令拾遺補──附唐日兩令對照一覽》，第1305頁。
225 《唐令拾遺補──附唐日兩令對照一覽》，第1379頁。

利積少成多。[226]這正如元稹所說：

從前所征觔斗升合之外，又有抄勺圭撮，錢草即有分釐毫銖。案
牘交加，不可勘算，人戶輸納，元無畸零，麼數所成，盡是奸吏欺
沒。臣今所征觔斗並請成合，草並請成分，錢並請成文。在百姓納
數，元無所加；於官司簿書，永絕奸詐。[227]

由此說明，元稹在同州計稅時，糧食計到合，草計到分，錢計到
文。但實際徵納時，柴草仍以「束」計。這可由《當州朝邑等三縣代
納夏陽、韓城兩縣率錢狀》可以證明：

右，准元和十三年敕。緣夏陽、韓城兩縣殘破，量減逃戶率稅，
每年攤配朝邑、澄城、合陽三縣代納錢六百七十九貫九百二十一文，
觔斗三千一百五十二碩一斗三升三合，草九千九束，零並不計。[228]

這種情況並非偶然，《宋史》卷一百七十四《食貨志·賦稅》
也有類似記載：

舊，諸州收稅畢，符屬縣追吏會鈔，縣吏厚斂裡胥以賂州之吏，
里胥復率於民，民甚苦之。建隆四年，乃下詔禁止。令諸州受租籍不
得稱分、毫、合、龠、銖、釐、絲、忽，錢必成文，絹帛成尺，粟成

---

226 此據楊際平先生提示。
227 《元稹集》卷三十九《論當州朝邑等三縣代納夏陽韓城兩縣率錢狀》，第439頁。
228 《元稹集》卷三十九《論當州朝邑等三縣代納夏陽韓城兩縣率錢狀》，第438頁。

升，絲綿成兩，薪蒿成束，金銀成錢。[229]

（原載《中國史研究》2003 年第 1 期）

第五節　唐五代敦煌棉花種植研究
——兼論棉花從西域傳入中國內地的問題

　　唐五代敦煌是否有棉花種植，因為沒有直接的文獻記載與考古資料相印證，學者們大都採取比較謹慎的態度，或根據吐魯番地區的棉花種植進行推測，或從棉花傳入的路線進行考察，認為棉花經中亞傳入我國新疆地區，再到河西走廊。[230]筆者以前也有相似的看法：「魏晉隋唐時期，吐魯番已開始種植棉花了。由於敦煌與吐魯番氣候基本一

229　（元）脫脫等：《宋史》卷一百七十四《食貨志·賦稅》，第 4203 頁。

230　參閱陳祖規主編：《棉》——「中國農學遺產選集」之一，中華書局 1957 年版；袁庭棟：《棉花是怎樣在中國傳播開的》，載《文史知識》1984 年第 2 期；漆俠：《宋代植棉考》，收入同氏《探知集》，河北大學出版社 1999 年版，第 281-295 頁；於紹傑：《中國植棉史考證》，載《中國農史》1993 年第 2 期；尚衍斌：《從茶、棉、葡萄酒、胡食的傳播看古代西域與祖國內地的關係》（載《西北史地》1993 年第 3 期）更明確指出：「是元代畏兀兒人經西域吐魯番，由甘肅河西走廊向華北渭水流域傳播。」汪若海《白疊與哈達》（載《中國農史》1989 年第 4 期）指出：棉花「大約在紀元前後經蔥嶺、克什米爾傳入新疆，又到甘肅，再到陝西。」殷晴《絲綢之路和西域經濟》（載《西域研究》2001 年第 4 期）說，新疆「種植的系通過印度或阿拉伯傳來的非洲棉（草棉），纖維質量較差，但生長期短，適於磧西和河西走廊以至陝甘地區種植，所以唐宋以後，在西北廣大地區逐漸推廣。」〔法〕童丕《敦煌的借貸：中國中古時代的物質生活與社會》（余欣、陳建偉譯，中華書局 2003 年版，第 106-107 頁）指出：中國「西部的是一種草本，源於阿拉伯及非洲地區，自中亞由陸路傳入……清末，在甘肅，即古代文獻中稱為『河西走廊』的地區以及新疆，人們一直種植草棉」。並由棉花的傳入提出了「棉布之路」的概念，認為「棉布之路的歷史，比絲綢之路要更古老」。

致，交通又十分頻繁，因此當時敦煌地區也可能同時種植棉花了。」[231]

一、問題的緣起

對敦煌地區的棉花種植進行專題研究的，目前所見只有鄭炳林先生《晚唐五代敦煌地區種植棉花研究》一文。鄭先生指出：敦煌地區種植棉花、生產棉布的歷史雖然吐蕃占領以前沒有文獻記載，然而河西地區植棉的歷史可追溯到蕃占以前。因為 P.2942《唐永泰年代（765-766）河西巡撫使判集》中就有建康軍開支縜布的記載，「由此表明河西地區至少在陷蕃前已開始種植棉花，敦煌屬河西一部分，又地處河西走廊最西端，毗鄰西州，故種植棉花乃其必然」。在吐蕃時期的文書中，多次出現有關「縜」的記載，甚至還出現了「縜線」，「是證從吐蕃占領敦煌時期開始，敦煌地區已經開始種植棉花，生產棉線、棉布了」。到了晚唐五代歸義軍時期，「敦煌地區使用的棉布亦出產於本地區。敦煌文獻記載到晚唐五代敦煌地區使用棉布非常普遍，記載棉布種類很多，敦煌文書雖未明確記載其中部分棉布生產於敦煌當地，但從敦煌文書記載到棉布徵收方式等情況看，當生產於敦煌當地」。另外，「晚唐五代敦煌地區種植棉花、生產棉布還可以由當時棉布在敦煌地區廣泛使用看出。晚唐五代敦煌從官府至寺院，上至高級官員僧侶下至普通百姓、一般僧尼都使用棉布，棉布成為當時敦煌民眾生活中的必需品，使用範圍非常廣泛，而且使用的量也很大。普遍的使用及大量的消費，都說明歸義軍時期棉花、棉布均產自於敦煌。」[232]

上述鄭炳林先生關於敦煌種植棉花的研究及其他學者關於棉花由新疆傳入河西走廊的論述，基本上都屬於推論。就是有關敦煌或河西

---

231 劉進寶：《從敦煌文書談晚唐五代的「布」》，載敦煌研究院編：《段文傑敦煌研究五十年紀念文集》，第416頁。

232 鄭炳林：《晚唐五代敦煌地區種植棉花研究》，載《中國史研究》1999年第3期。

走廊棉花種植的研究，也只是以文書中提到的「緤」

為唯一的依據。而目前所有的研究，還不能確證唐五代時敦煌已有了棉花的種植，因為：

第一，不論我們翻閱正史，還是其他史籍文獻，都能找到有關吐魯番種植棉花的資料，但我們目前還不能找到在敦煌種植棉花的史料。

第二，當傳世文獻沒有敦煌種植棉花的資料時，我們把注意力放到出土文書上。在吐魯番文書中，有一些有關棉花的資料。如大谷8078號《回紇年次未詳（八世紀末以降）西州挎林界播種田簿》[233]：

1. 天可敦下洿林界園子曹庭望青麥參畝，緤肆畝，小麥伍畝。
2. ▭彌鰈參畝，青麥貳畝。曹縱縱靡參畝，弟闍那粟一畝。
3. ▭奴青麥陸畝。弟華子青麥貳畝，粟玖畝。

（後欠）

從此件文書可知，緤與青麥、小麥、粟、穈一樣，是民戶種植的農作物之一。在其他文書中，也有一些「緤 X 畝」、「種緤」的零星記載。

可遺憾的是，在敦煌文書中，只有一些有關「緤」的記載，根本就沒有有關棉花的資料，包括棉花的栽培、棉布的使用、棉籽等資料都沒有。而其中的「緤」，筆者認為是指毛織品，並非是棉花或棉布。

第三，新疆地區的棉花種植已被大量的考古發掘所證實，如在吐魯番阿斯塔那 13 號晉墓和 309 號高昌時期墓葬中都有零星的棉布發現。在于闐縣的北朝墓葬中也有零星棉布。而在喀什地區的巴楚縣，

---

233 文書圖版見〔日〕小田義久：《大谷文書集成》第三卷，法藏館 2003 年版，圖版二四。錄文見〔日〕池田溫：《〈中國古代籍帳研究〉，第 565 頁。

不僅發現了棉布，而且還發現了一些棉籽。[234]

　　但在敦煌地區的考古發掘中，還沒有棉花種植的有關直接證據。一九八八至一九九五年的莫高窟北區石窟發掘，新發現洞窟二百四十三個，出土了一批文物，其中有幾件棉織品。據發掘簡報描述：如「北222：6，棉織物殘件，白色，殘長三十二、殘寬二十一釐米，時代為隋末唐初」；「北63：2，藍色棉布殘片，質地略厚，殘長十六、殘寬十一點五釐米」；「北168：1，棉布襪，短統，小尖頭，襪統高二十一、襪長二十三釐米，襪統上有二條棉布繫帶。與西夏遺物同出一層，因此該棉布襪時代也為西夏」。[235]另外，發掘報告第一卷包括北1-94號窟，其中在第九窟還發現了一塊粗棉布。據考古報告稱：「在窟內堆積中發現一塊粗棉布，標本B9：1，白地上有藍色條紋，經線較粗，緯線以三根細線組成，織法為平織。每平方釐米經線七根，緯線五至六根。一側有邊，似為布袋的殘塊。殘長十八點八，殘寬五點五釐米」，並公布了該棉織品的彩色圖片。至於該窟之時代，由於「石窟塌毀嚴重，也未發現可用來判斷時代的遺跡或遺物，故時代不明」。[236]考古發現的這些棉布，只能證明敦煌有少量棉布使用，還不能證明它就生產於敦煌，或許是從外地流入的。因為目前敦煌還沒有發現種植棉花的有關證據。

　　第四，敦煌除發現大批的文書外，還有許多文物，其中佛幡就有很多。既然論者認為敦煌種植有棉花，且棉布的使用範圍較廣，那在敦煌發現的佛幡中就應該有棉布織品。但據學者們的考察，在英、法

---

234 參閱沙比提：《從考古發掘資料看新疆古代的棉花種植和紡織》，載《文物》1973 年第 10 期。

235 彭金章、沙武田：《敦煌莫高窟北區洞窟清理髮掘簡報》，載《文物》1998 年第 10 期。

236 彭金章、王建軍：《敦煌莫高窟北區石窟》第一卷，文物出版社 2000 年版，第 32 頁及彩版三。

所藏的敦煌佛幡中，目前還沒有發現一件棉織品。就是以前不大為學
界所知、收藏敦煌佛幡又較多的俄羅斯聖彼得堡，據敦煌研究院李正
宇先生考察：聖彼得堡艾爾米塔什博物館「收藏的二百多件敦煌佛幡
引起我們很大興趣……這二百多件時代不同、整殘非一的佛幡，我注
意到它的質地面料全是麻布，無一件棉布製品」。[237]

以上這些疑問時時縈繞在我的心中，並不斷促使我繼續思考。思
考愈多，查閱資料愈廣，則愈對敦煌棉花種植論產生懷疑。這一質疑
又促使我繼續對這一課題進行更深入地研究。

二、「緤」字的發展變化

「緤」的一個意思就是棉花，故敦煌種植棉花論者，也主要是從
「緤」字開始探討的，其前提是：「棉布，敦煌文書稱作緤或氎，分
粗、細緤、立機緤、官布。」[238]實際上鄭先生論文中所述「棉布的種類」
就是指粗、細緤、立機緤等，所說「棉布的徵收」乃是指「官布」。因
其設置的前提是緤即棉花，因此認為凡是敦煌文書中的「緤」都是棉
布。而「緤」在晚唐五代的敦煌文書中使用又非常廣泛，尤其在諸寺
入破曆中，出現的頻率很高，因此給人們的感覺就是晚唐五代時期的
敦煌，棉布的使用非常廣泛。但這一感覺，與我們上面所指出的事實
（即傳統史籍、敦煌出土文書中沒有見到棉花種植及棉花紡織、織布、
棉籽等資料，考古發現中也鮮有棉紡織品）又不相符合，故又促使我
們不得不慎重地對待「緤」字。

---

237 李正宇：《俄藏中國西北文物經眼錄》，載《敦煌研究》1996 年第三期。2005 年 7 月，
　　筆者赴俄羅斯聖彼得堡參加敦煌學國際聯絡委員會幹事擴大會並考察俄藏敦煌吐魯番
　　文物時，曾於七月七日參觀艾爾米塔什博物館東方部，在其所展示的敦煌佛幡中沒有
　　一件棉織品。經詢問東方部負責人魯多娃女士，她說沒有棉織品。參觀到西夏文物
　　時，我也曾問魯多娃女士：是否有棉織品？她說也沒有。
238 鄭炳林：《晚唐五代敦煌地區種植棉花研究》，載《中國史研究》1999 年第三期。

「緤」原為疊，凡談到新疆、敦煌，乃至中國西北地區棉花的種植，自然就是《梁書》中的記載了。據《梁書》卷五十四《西北諸戎‧高昌傳》記載，當地「多草木，草實如繭，繭中絲如細纑，名為白疊子，國人多取織以為布。布甚軟白，交市用焉」。[239]這裡的「白疊」，就是一般所說的棉花。因此，我們對棉花種植的探討，也應以「白疊」、「疊」為起點。

1. 白疊、疊

「疊」除了《梁書》中稱「白疊子」外，《後漢書》中也有記載，如「哀牢人……知染采文繡。罽氍帛疊，蘭干細布。」[240]《周書》中也有「白疊」，即波斯國「又出白象……綾、錦、白疊、毼、氍毹、氍毼……」[241]

另外，吐魯番哈拉和卓 99 號墓所出《某家失火燒損財物帳》[242]中有「白疊三匹」、「疊縷卅兩」的記載。該墓既出有建平六年（442 或443）的隨葬衣物疏，也有北涼承平八年（450）的文書[243]；阿斯塔那

---

239 （唐）姚思廉：《梁書》卷五十四《西北諸戎‧高昌傳》，中華書局 1973 年版，第811頁。

240 （南朝宋）范曄：《後漢書》卷八十六《西南夷傳》，中華書局 1965 年版，第 2849頁。

241 （唐）令狐德棻等：《周書》卷五十《異域下‧波斯國》，中華書局 1971 年版，第920頁。

242 唐長孺主編：《吐魯番出土文書》錄文本第一冊，第 195 頁；圖錄本第一冊，第 98頁。

243 考證詳見朱雷：《出土石刻及文書中北涼沮渠氏不見於史籍的年號》，載《出土文獻研究》，文物出版社 1985 年版，第 204-213 頁；又見同氏《敦煌吐魯番文書論叢》，甘肅人民出版社 2000 年版，第 31-43 頁。

170 號墓所出《高昌延昌二年（562）長史孝寅隨葬衣物疏》[244]有「疊千五百匹」的記載，同墓還出有高昌章和十三年（543）、十八年（548）文書。這兩件有關「疊」的文書與提到「白疊子」的《梁書》時間相近。《梁書・高昌傳》中關於吐魯番種植棉花（白疊）的記載，出土文書得到了證明。

《隋書》中也記有「白疊」，即康國「其王索發，冠七寶金花，衣綾羅錦繡白疊。……出馬……氍毹、錦疊」[245]。波斯「土多良馬……錦疊、細布、氍毹、毼氈、護那、越諾布……」[246]《北史.真臘國傳》曰：真臘國「王著朝霞古貝……常服白疊」[247]。《西域傳》説康國「其王素冠七寶花，衣綾、羅、錦、繡、白疊」[248]。《南史》中有好幾處都有關於「白疊」的記載，如《海南諸國傳》曰：呵羅單國元嘉七年（430）遣使獻「天竺國白疊、古貝、葉波國古貝等物」[249]。

以上《後漢書》、《周書》、《隋書》、《北史》、《南史》中所説的「白疊」、「疊」，應是指《梁書》中所説的「白疊子」，即棉花或棉布。

2. 疊、氎

《梁書》、《周書》、《隋書》中所説都是「白疊」，而新舊《唐書》中則「疊」、「氎」混用。如《舊唐書》卷一百九十八《西戎・高昌傳》

244　《吐魯番出土文書》錄文本第二冊，第 64 頁；圖錄本第一冊，第 145 頁。

245　（唐）魏徵等：《隋書》卷八十三《西域・康國》，第 1848-1849 頁。

246　《隋書》卷八十三《西域・波斯》，第 1857 頁。

247　（唐）李延壽：《北史》卷九十五《真臘國傳》，第 3162 頁。

248　《北史》卷九十七《西域傳・康國》，第 3234 頁。

249　《南史》卷七十八《海南諸國傳・呵羅單國》，第 1957 頁。

説，高昌「有草名白疊，國人采其花，織以為布」[250]。而卷一百九十七則是「㲲」，如林邑國「王著白㲲古貝……夫人服朝霞古貝以為短裙」[251]；又如驃國，「其衣服悉以白㲲為朝霞」。[252]《新唐書》卷二百二十一上《西域傳上》説高昌「有草名白疊，擷花可織為布。」[253]而卷四十《地理志四》講到西州的土貢有：「絲、㲲布、氈、刺蜜、蒲萄。」[254]而高昌就是西州，兩者所述顯是一物，可見這時已疊、㲲混用了。

從新舊《唐書》可知，疊、㲲混用，兩者相比，「㲲」的使用頻率更多，並逐漸過渡到由「㲲」取代「疊」，如《唐會要》曰：開成二年（837）吐蕃來朝，其貢品就有「金銀器、玉帶、獺褐、犛牛尾、朝霞」等。[255]

3. 㲲、氀

氀，《漢語大字典》注釋曰：細毛布、細棉布。《玉篇·毛部》：「氀，毛布也。」《字匯·毛部》：「氀，細毛布。……今文氀作疊。」[256]《大慈恩寺三藏法師傳》卷二載「那揭羅喝國」中「復有佛僧伽胝，上妙細氀所作。」[257]《大唐西域記校注》卷二《那揭羅曷國》之「醯羅城」的記載基本與此相同，即「如來僧伽胝袈裟，細氀所作」[258]，其

---

250 《舊唐書》卷一百九十八《西戎傳·高昌國》，第5294頁。

251 《舊唐書》卷一九七《南蠻、西南蠻傳·林邑國》，第5269頁。

252 《舊唐書》卷一九七《南蠻、西南蠻傳·驃國》，第5285頁。

253 《新唐書》卷二二一上《西域傳上·高昌》，第6220頁。

254 《新唐書》卷四十《地理志四·西州交河郡》，第1046頁。

255 （宋）王溥：《唐會要》卷九十七《吐蕃》，第2061頁。

256 《漢語大字典》，四川辭書出版社、湖北辭書出版社1991年版，第三冊第2008-2009頁。

257 （唐）慧立、彥悰著，孫毓棠、謝方點校：《大慈恩寺三藏法師傳》卷二，中華書局2000年版，第37頁。

258 （唐）玄奘、辯機著，季羨林等校注：《大唐西域記校注》卷二《那揭羅曷國·醯羅

史源應為同一。但據《大唐西域記校注》言：「《方志》氎作㲲。」[259]
而㲲乃毛織品也，故這裡（即《三藏法師傳》與《西域記》）的「細氎」
應指毛織品而言。

《大唐西域記校注》卷十一「波剌斯國」有「衣皮褐，服錦氎」，
其後校注曰：「《徑山本》氎作㲲」。[260]可見此「氎」在《徑山本》上為
「㲲」，有可能「氎」、「㲲」混用，或在古人看來，這裡的氎就等於
㲲。而㲲、褐都是毛織品，這也與《大唐西域記校注》的其他記載相
合，如卷十二《活國》「衣服㲲褐」；《缽鐸創那國》「多衣㲲褐」；《屈
浪拏國》「多服㲲褐」；《達摩悉鐵帝國》「衣服㲲褐」；《商彌國》「多
衣㲲褐」；《揭盤陀國》「衣服㲲褐」[261]等，由此可見，氎、㲲相同，而
㲲褐又常連用，都指毛織品。

《元和郡縣圖志》卷四十《隴右道下》記西州貢賦曰：「開元貢：
氀毛，刺蜜，干蒲萄。」[262]而校勘記對「氀毛」考證曰：「官本作『㲲
毛』，恐誤，六典、新、舊志俱與此合。今按：新唐志作『㲻』。『氀』
即『毭』字，與『㲲』通，見《玉篇》。」[263]

4. 氎、緤

當「氎」逐漸取代「疊」後，又出現了氎、緤混用的情況，如吐

城》，中華書局 1985 年版，第 228 頁。

259 《大唐西域記校注》卷二「校勘」，第 230 頁。

260 《大唐西域記校注》卷十一《波剌斯國》，第 939 頁。

261 《大唐西域記校注》第 963 頁；第 971 頁；第 973 頁；第 974 頁；第 980 頁；第 983
頁。

262 （唐）李吉甫撰，賀次君點校：《元和郡縣圖志》卷四十《隴右道下·西州》，中華
書局 1983 年版，第 1031 頁。

263 《元和郡縣圖志》卷四十「校勘一〇二」，第 1044 頁。

魯番阿斯塔那 327 號墓《唐永徽六年（655）趙羊德隨葬衣物疏》[264]第三行有「細疊」；阿 44 號《唐疊布袋帳曆》[265]第一、三行有「疊布袋」。而哈拉和卓 39 號《唐貞觀二十一年（647）帳後□苟戶籍》[266]則是「縷布」；阿 35 號《唐垂拱三年（687）西州高昌縣楊大智租田契》[267]、阿 230 號《唐西州高昌縣史張才牒為逃走衛士送庸縷價錢事（一）》[268]、阿 224 號《唐西州蒲昌縣戶曹牒為催征逋懸事（二）》[269]又都是「庸縷」，可見這裡是「疊」、「縷」混用。

　　關於氎、縷混用的情況，在唐五代時期的敦煌文書中，使用更多。如 P.2942 號《唐永泰年代（西元 765-766）河西巡撫使判集》[270]是唐文書集錄，共有各種文牒四十六件，其中第十一至十四行為一件，其內容是：

（前略）

11.建康尚書割留氎三百段，稱給付將士，不具人姓名。

12.分給縷布，不具人名。既無節約，懸稱用盡。事涉瓜李，

13.法在根尋。准狀，牒建康並牒董芳蘭，切推問給賞事

14.由上。如相容隱，當別書科。（後略）

　　這是一件唐代中期的公文，其中已經是「氎」、「縷」混用。另如

264　《吐魯番出土文書》錄文本第六冊，第 124 頁；圖錄本第三冊，第 65 頁。

265　《吐魯番出土文書》錄文本第六冊，第 138 頁；圖錄本第三冊，第 71 頁。

266　《吐魯番出土文書》錄文本第六冊，第 101 頁；圖錄本第三冊，第 53 頁。

267　《吐魯番出土文書》錄文本第七冊，第 406 頁；圖錄本第三冊，第 493 頁。

268　《吐魯番出土文書》錄文本第八冊，第 184 頁；圖錄本第四冊，第 85 頁。

269　《吐魯番出土文書》錄文本第九冊，第 237 頁；圖錄本第四冊，第 388-389 頁。

270　文書圖版見《法藏敦煌西域文獻》第二十冊，上海古籍出版社 2002 年版，第 180-185 頁。錄文見《釋錄》第二輯，第 620-632 頁。

P.2049 背《後唐同光三年（925）正月沙州淨土寺直歲保護手下諸色入破曆算會牒》[271] 一至五行：

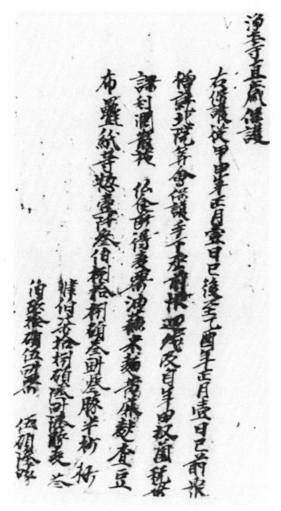

▲ P.2049 背《同光三年正月淨土寺直歲保護手下諸
色入破曆算會牒》（局部）

271 文書圖版見《法藏敦煌西域文獻》第三冊，上海古籍出版社 1994 年版，第 234-243
頁。錄文見《釋錄》第三輯，第 347－366 頁。

1. 淨土寺直歲保護

2.　　右保護，從甲申年正月壹日已後至乙酉年正月壹日已前，眾

3.　　僧就北院算會，保護手下丞（承）前帳回殘，及自年田收、園稅、梁

4.　　課、利潤、散施、佛食所得麥粟、油蘇、米麵、黃麻、麩查（渣）豆、

5.　　布、氈、紙等，總壹阡参伯捌拾捌碩参斗参勝（升）半抄。

（後略）

這裡的「氈」，在同卷文書，即 P.2049 背《後唐長興二年（西元931）正月沙州淨土寺直歲願達手下諸色入破曆算會牒》[272]中卻被寫成「縷」。如：

1. 淨土寺直歲願達

2.　　右願達，從庚寅年正月一日已後至辛卯年正月一日已前，眾

3.　　僧就北院算會，願達手下承前帳回殘，及一年中間

4.　　田收、園稅、梁課、散施、利潤所得，麥粟、油蘇、米麵、黃

5.　　麻、麩淬、豆布、縷、紙等，總壹阡捌伯参碩半抄。

（後略）

長興二年（西元 931）淨土寺算會牒與同光三年（西元 925）的算會

---

272 文書圖版見《法藏敦煌西域文獻》第三冊，第 244-254 頁。錄文見《釋錄》第三輯，第 369-389 頁。

牒格式完全相同，且屬同一寺院，中間只隔了五年，一個寫作「氈」，一個寫作「牒」。從其內容、格式各方面觀察，「氈」等於「牒」。

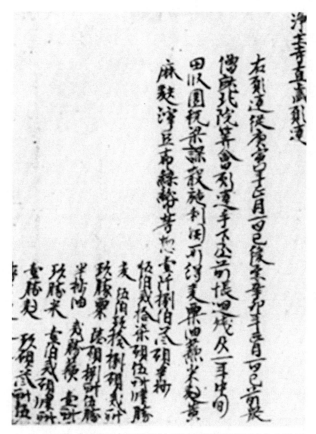

▲ P.2049 背《長興二年正月淨土寺直歲願達手下諸色入破曆算會牒》（局部）

我們説「氈」「牒」相同，在 P.2040 背《後晉時期淨土寺諸色人破曆算會稿》[273] 找到了證據，在該文書第 516 行記前帳回殘時寫作「氈」，

---

273 文書圖版見《法藏敦煌西域文獻》第三冊，第 21-56 頁。錄文見《釋錄》第三輯，第 401-436 頁。

即「參佰參拾肆尺𦇧」，緊接著在第 517 行記自年新附入時又寫成「緤」，即「伍佰柒拾伍碩九斗參勝麥粟油麵黃麻麩渣豆布緤褐等自年新附入」。另如 P.2049 背《後唐同光三年（925）正月沙州淨土寺直歲保護手下諸色入破曆算會牒》在分類賬中都寫成「𦇧」，而在第 440 行現在總賬中又寫成「緤」。再如 P.3352（11）《丙午年（西元 946）三界寺招提司法松諸色入破曆算會牒殘卷》[274]一至六行：

1. 三界寺招提司法松狀
2. 　　合從乙巳年正月一日巳後，至丙午年正月一日巳前，
3. 　　中間一週年，徒眾就北院算會，法鬆手下
4. 　　應入常住梁課、磑課及諸家散施，兼承
5. 　　前帳回殘，及今帳新附所得麥、粟、油、麵、
6. 　　黃麻、夫（麩）查（渣）、豆、布、𦇧等，總肆佰貳拾六石四斗六升九合。

（後略）

這裡是「𦇧」，在分類賬中又是「緤」，如「一百一十尺緤」，「貳丈貳尺緤」。在四柱結算的各分類中，前殘部分寫成「緤」，新收入部分又寫成「𦇧」。而 P.2697《後唐清泰二年（西元 935）九月比丘僧紹宗為亡母轉念設齋施捨放良回向疏》[275]則是「施細緤壹匹，粗𦇧貳匹」，更是緤、𦇧相同的最好例證。可見𦇧、緤二字是相同的，並且完全可以互換、混合使用。

---

274 文書圖版見《法藏敦煌西域文獻》第二十三冊，上海古籍出版社 2002 年版，第 298 頁。錄文見《釋錄》第三輯，第 333-334 頁。

275 文書圖版見《法藏敦煌西域文獻》第十七冊，上海古籍出版社 2001 年版，第 291 頁。錄文見《釋錄》第三輯，第 89 頁。

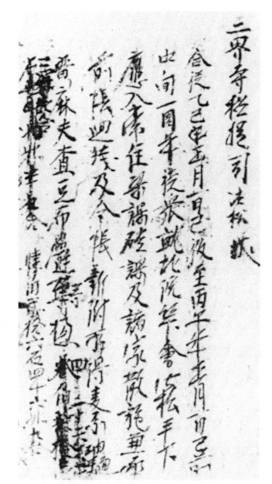

▲ P.3352《丙午年三界寺招提司法松諸色入破曆
算會牒殘卷》（局部）

三、氎、㲲的另一含義——毛布或毛織品

「疊」除了棉花、棉織品外，還有毛織品這一含義。如《史記》卷

一百二十九《貨殖列傳》載「通邑大都……榻布皮革千石」[276]，裴駰釋榻布為白疊，而唐司馬貞以為非白疊，乃「粗厚之布」，並引《廣志》云：「疊，毛織也。」[277]由此可知，「白疊」古亦指毛布。

　　當「氎」取代「疊」後，其毛布或毛織品的含義更為明確。如《宋本玉篇》卷二十六：「氎，徒葉切，毛布也。」[278]《農政全書校注》引張勃《吳錄》曰：木棉「又可作布，名曰白緤，一曰毛布。」[279]如《正續一切經音義》引《大寶積經》第八十九卷：「白氎，音牒，《考聲》云：毛布也，草花布也」；引《妙法蓮花經序品第一》：「氎，徒協反。《切韻》：細毛布。今謂不然，別有氎花，織以為布，其毛所作諸褐罽是」；引《佛為勝光天子說王法經》：「《埤蒼》云：氎，細毛布也。《考聲》云：亦草花布也」；引《佛般泥洹經上卷》：「《字林》：氎，毛布也」；引《菩提場所說一字頂輪王經第二》：，「《切韻》：細毛布也。」[280]

　　《吳錄》、《考聲》、《字林》皆三國六朝時書，由以上引述可知，三國以來，氎就有了毛布這一含義。當然，毛布並非氎的唯一釋義，大約在劉宋或蕭梁時，氎就開始指棉花、棉布。如《正續一切經音義》引《持菩薩經》第四卷：「帛氎，西國撚草花絮，織以為布，其花如柳絮」；引《大般若波羅蜜多經》第三百九十八卷：「白氎，西國草名也，其草花絮堪以為布」；引《金光明經卷第六》：「白氎，西國草花，絮撚

276　（漢）司馬遷撰：《史記》卷一二九《貨殖列傳》，中華書局1963年版，第3274頁。

277　《史記》卷一百二十九《貨殖列傳》，第3275-3276頁。

278　《宋本玉篇》卷二十六《毛部》，北京市中國書店1983年版，第478頁。

279　見（明）徐光啟撰，石聲漢校注，西北農學院古農學研究室整理：《農政全書校注》卷三十五《蠶桑廣類・木棉》，上海古籍出版社1985年版，第959頁。

280　（唐）釋慧琳、（遼）釋希麟撰：《正續一切經音義附索引兩種》，上海古籍出版社1986年，卷十四第18頁；卷二十七第16頁；卷三十四第9頁；卷五十二第25頁；續卷五第15頁。

以為布，亦是彼國草名也」；引《轉女身經》：「氎者，西國木棉草花，如柳絮。彼國土俗，皆抽撚以紡成縷，織以為布，名之為氎。」[281]

我們説氎既可以指棉布，也可以指毛布。如《正續一切經音義》引《曼殊室利菩薩閻曼德迦忿怒真言儀軌經》曰：「《埤蒼》云：氎，毛布也。字書作㲲，經本作㲩，音先節反，非經義」；引《大威力馬樞瑟摩明王經卷上》釋氎曰：「《切韻》：白氎也，西域所尚也。經文從糸作㲩，俗用，非也」；引《菩提場所説一字頂輪王經第二》釋氎曰：「徒協反。《切韻》細毛布也。……經文作㲩，俗用，非。」[282]

唐釋慧琳的《一切經音義》，不僅引用《韻英》、《考聲》、《切韻》以釋其音，引《説文》、《字林》、《玉篇》、《字統》、《古今正字》、《文字典説》、《開元文字音義》以釋其義，而且還兼採前人玄應、慧苑、雲公、基師等諸家音義，對群經進行了音訓。由上引《一切經音義》可知，在唐人的觀念中，氎已有了棉花、棉布和毛布兩種含義，而且在釋棉花、棉布之義時，所引述的資料只有西國草名這一條，其史源也應是前引《梁書》中的記載。由此可知，在唐代，棉花或棉布還是非常稀有之物，在內地應該還沒有種植。否則，釋慧琳就不會以這樣單薄的材料來釋棉花、棉布了。

我們説「氎」就是毛布，敦煌文獻也提供了本證，如 S.0617《俗務要名林》釋文曰：「氎：細毛布，徒協反。」[283]

「㲩」的本義為拴、縛，或指繩索。在先秦經典中，㲩多作絏，音

---

281 《正續一切經音義附索引兩種》，卷三十第 14 頁；卷四第 13 頁；卷二十九第 9 頁；卷三十三第 17 頁。

282 《正續一切經音義附索引兩種》，卷四十第 13 頁；續卷五第 7 頁；續卷五第 5 頁。

283 文書圖版見《英藏敦煌文獻（漢文佛經以外部分）》第二卷，四川人民出版社 1990 年版，第 92-97 頁。錄文見郝春文主編：《英藏敦煌社會歷史文獻釋錄》第三卷，社會科學文獻出版社 2003 年版，第 370 頁。

泄，如《詩經》、《左傳·襄廿六》、《論語·公冶長》等篇。僅《楚辭·離騷》、《禮記·少儀》作緤，義皆為繩索之屬，並無緤布之意。再如「長興四年（933），回鶻來獻白鶻一聯，明宗命解緤放之」，[284]也是指繩索而言。但當緤與㲲混用後，就有了新義，即指棉花和棉布。但我們一定要特別注意，當「緤」與「㲲」混用後，「緤」除了棉布這一意義外，還有另一含義，即毛布。如慧琳和玄應的《一切經音義》中，就有不少這樣的解釋，其中除注明為《梁書·高昌傳》中所載「西國草花絮，可織為布」這一含義外，更多的則是「毛布」、「細毛布」。但由於許多論者都預先設置了前提，即㲲等於緤，乃棉花也，故忽略了「毛布」、「細毛布」這一解釋。

　　我們説「緤」是毛布或毛織品，還可以從緤、毬互用中得到證明。關於毬，雖然在《正續一切經音義》、《龍龕手鑑新編》、《敦煌俗字研究》、《漢語俗字叢考》及《漢語大字典》、《漢語大詞典》等字書中未收，但我們從敦煌文書的零星記載中，可以見到緤、毬互用的情況，如 P.3155 背《唐天復四年（904）神沙鄉百姓僧令狐法性出租土地契》[285]中有「捌綜毬壹匹，長貳仗（丈）伍尺」。另外 Дх. 01322《孔安信借毬契》[286]提供了絕好的材料，為便於探討，現將其轉引如下：

284　《新五代史》卷七十四《四夷附錄·回鶻》，第 916 頁。

285　文書圖版見《法藏敦煌西域文獻》第二十二冊，上海古籍出版社 2002 年版，第 53 頁。錄文見沙知：《敦煌契約文書輯校》，江蘇古籍出版社 1998 年版，第 327 頁；又見《釋錄》第二輯，第 26 頁。

286　文書圖版見《俄藏敦煌文獻》第八冊，上海古籍出版社 1997 年版，第 90 頁。毬、毬應為一字，乃是因避唐太宗李世民之諱，將「世」改為「云」。據陳垣先生《史諱舉例》說：「世改為代，或為系，從世之字改從云，或改從曳。」上海書店出版社 1997 年版，第 108 頁。

1. 為著甘州充使□□□□□□□

2. 日細毬參匹，各長貳丈柒尺，又□□□□□

3. □□□□□柒尺，壹匹長貳丈肆，共□□□□□

4. □□□□□堪煮練使用作衣，絹壹匹須長肆

5. □□□□□在推延之限，其毬不問賣得不得，準

6. □□□□□平章為完，至曳取絹，若安信身上有甚

7. □□□□不平善□□□□□安男兄弟邊取絹為

8. □□□□□上好細毬壹匹□□

9. □□□□□後憑。

10　　　□□□□□孔安信（押）

（後缺）

本件文書雖殘缺不全，但其意明確，共出現「毬」三次，其中第一次（第二行）有明確的尺寸，即「細毬參匹，各長貳丈柒尺」，[287] 與前引 P.3155 背文書中的一匹長二丈五尺基本相同。從「毬」字從「毛」這一點推測，這裡的「毬」是指毛布或毛織品。

據鄭炳林先生統計，敦煌文書中「麻布每匹四十尺到四十五尺，官布每匹只有二十四到二十五尺，與緤的長度一樣」，並以此作為官布、緤屬於棉布的證據，即棉布的長度與麻布不同，每匹長二十四至二十五尺，並非四十尺。[288]

在史籍文獻中，我們只見到絹四丈為一匹，布五丈為一端的記載，但棉布、毛布幾丈為一匹，卻不大明確。而《契丹國志》的記載，

---

287 本件文書不知其確切年代。另外，北圖殷字 41 號《癸未年（923 ？）平康鄉百姓沈延慶貸布契》（錄文見《敦煌契約文書輯校》第 183 頁）也是「貸緤一疋，長二丈七。」

288 鄭炳林：《晚唐五代敦煌地區種植棉花研究》，載《中國史研究》1999 年第三期。

可以給我們提供一點啟示。在「諸小國進貢物件」中的諸小國，是指「高昌國、龜茲國、于闐國、大食國、小食國、甘州、沙州、涼州」，在進貢的物品後專門寫明：「已上皆細毛織成，以二丈為匹。」[289]

《契丹國志》中的毛織品「以二丈為匹」，敦煌文書中的「毬」約二十五尺為一匹，官布、緤也是二十四至二十五尺為一匹，由此亦可推知緤、毬互用，而官布又屬於緤類，它們都屬於毛布或毛織品。

當我們轉換了一個視角，將白疊是毛布這一含義挖掘後，許多問題就能迎刃而解。即在晚唐五代歸義軍時期，敦煌的牧羊業非常發達，既有官營牧羊業，也有寺院和個體牧羊業。為了加強對其管理，歸義軍政權還設置了專門的機構——羊司，並有專職牧子承擔放牧任務。

牧羊業的發達提供了大量的羊毛，從而帶動了敦煌毛紡織業的發展。因此，當我們將緤作為毛織品來看待時，也就能理解此時期敦煌文書中緤的數量之多了。

四、官布是棉布嗎？

敦煌棉花種植論者，除了將「緤」完全等同於棉布外，還有一個論據，即在緤布類還有一「官布」，而官布在諸寺入破曆中又歸人緤類。敦煌文書中有按地畝徵收官布的《官布籍》，因此，「官布按地畝徵收，同地子、烽子、柴草一樣，為歸義軍政權例徵賦稅。既然官布為附著於土地的例徵稅目，那麼它必然以出產於當地為主，官布為緤

289　（宋）葉隆禮撰，賈敬顏、林榮貴點校：《契丹國志》卷二十一《外國貢進禮物·諸小國貢進物件》，上海古籍出版社 1985 年版，第 205 頁。

布，屬於棉布類，表明晚唐五代敦煌地區已普遍種植棉花，徵收緤布。」[290]同時，鄭炳林先生還以 P.2846《甲寅年（954）都僧政願清等交割講下所施麥粟麻豆等破除見在曆》[291]出現的「官緤六十尺」為據，指出「官緤就是棉布，即官布和緤布。既然寺院將官布與緤布放在一類，就表明官布與緤都屬於棉布，是棉布中的一個品種」。[292]

「官布」之名，東漢建安時已有，如《太平御覽》引《禰衡別傳》曰：「衡著官布單衣，以杖捶地，數罵責操及其先祖，無所不至。」[293]據史籍記載，禰衡在建安初游許都，孔融薦於曹操，操忿其輕己，欲辱之，乃錄為鼓史。當時鼓史擊鼓時應更新衣。禰衡乃脫衣裸身擊《漁陽》三撾反辱操。[294]《三國志‧鮑勛傳》也載：

　　（建安）二十二年（西元 217），立太子，以勛為中庶子。徙黃門侍郎，出為魏郡西部都尉。太子郭夫人弟為曲周縣吏，斷盜官布，法應棄市。太祖時在譙，太子留鄴，數手書為之請罪。勛不敢擅縱，具列上。[295]

　　《晉書》卷六十九《劉隗傳》也載：

290　鄭炳林：《晚唐五代敦煌地區種植棉花研究》，載《中國史研究》1999 年第 3 期。

291　文書圖版見《法藏敦煌西域文獻》第十九冊，上海古籍出版社 2001 年版，第 91 頁。錄文見《釋錄》第二輯，第 525 頁。

292　鄭炳林：《晚唐五代敦煌種植棉花辨析——兼答劉進寶先生》，載《歷史研究》2005 年第 5 期。

293　《太平御覽》卷三百《兵部三一‧騎》，第 1383 頁。

294　參閱胡守為、楊廷福主編：《中國歷史大辭典‧魏晉南北朝史卷》，上海辭書出版社 2000 年版，第 528 頁。

295　（晉）陳壽：《三國志》卷十二《魏書‧鮑勛傳》，中華書局 1959 年版，第 384-385 頁。

建興中，（宋）挺又割盜官布六百余匹，正刑棄市，遇赦免。[296]

另外，《南齊書》卷二十六《王敬則傳》云：

竟陵王子良啟曰：……昔晉氏初遷，江左草創，絹布所直，十倍于今，賦調多少，因時增減。永初中，官布一匹，直錢一千，而民間所輸，聽為九百。漸及元嘉，物價轉賤，私貨則束直六千，官受則匹准五百，所以每欲優民，必為降落。今入官好布，匹堪百余，其四民所送，猶依舊制。昔為刻上，今為刻下，氓庶空儉，豈不由之。[297]

以上史籍文獻中的「官布」，顯然是指上繳官府之布，即「入官好布」，並沒有確指「官布」的質地屬性，即麻布、毛布或棉布。

歸義軍時期，敦煌文書中所見之「官布」，也是指上繳官府之布，或官府所有之布，它與「官柴草」、「官緤」、「官馬坊」、「官倉」、「官渠」的含義一樣，僅僅是指歸官府所有罷了。

敦煌發現的《官布籍》共三件，即 P.3236《壬申年三月十九日敦煌鄉官布籍》、P.4525（8）《官布籍》和 Дx.1405、Дx.1406 號《官布籍》，關於這三件《官布籍》的校錄、時代、徵納標準等，筆者已在《P.3236 號〈壬申年官布籍〉時代考》[298]、《P.3236 號〈壬申年官布籍〉研

---

296 （唐）房玄齡等：《晉書》卷六十九《劉隗傳》，中華書局 1974 年版，第 1836 頁。

297 （南朝梁）蕭子顯：《南齊書》卷二十六《王敬則傳》，中華書局 1972 年版，第 482-483 頁。

298 載《西北師大學報》1996 年第 3 期。

究》[299]、《從敦煌文書談晚唐五代的「布」》[300]中進行了探討，但對官布的屬性，即棉布、麻布抑或毛布，則取謹慎態度，未敢斷定。上述三文都寫於一九九四至一九九五年，發表於一九九六年。此後，筆者對官布的屬性雖一直有所考慮，但總是找不到答案。

官布是歸義軍政權據地徵納的賦稅之一，它與地子、稅柴和稅草一起，構成了歸義軍政權地稅的主體。其中，地子是地稅中交納糧食的部分，每畝約八斗[301]；稅草也是據地徵收，每畝約為二至三束[302]；稅柴的徵收雖然以土地為據，但由於柴並非土地上的生產物，故由「枝頭」、「白刺頭」將五人或三人組成一小組，攜帶工具，外出為歸義軍柴場司砍伐樹枝，刈割白刺[303]。作為據地徵收的官布，其屬性是棉布嗎？

官布據地徵收，基本上是每二五○畝或三百畝徵收一匹，由「布頭」代為收繳。按照唐王朝的賦稅政策，應該是「隨鄉所出」、「任土所宜」，[304]而唐五代時期敦煌還沒有棉花種植，因此將官布定為棉布在理論上是無法說通的。

---

299 載柳存仁等：《慶祝潘石禪先生九秩華誕敦煌學特刊》，（臺北）文津出版社 1996 年版，第 353-372 頁。

300 載敦煌研究院編：《段文傑敦煌研究五十年紀念文集》，世界圖書出版公司 1996 年版，第 416-424 頁。

301 參閱劉進寶：《從敦煌文書談晚唐五代的「地子」》，載《歷史研究》1996 年第 3 期；《再論晚唐五代的「地子」》，載《歷史研究》2003 年第 2 期。

302 參閱劉進寶：《關于歸義軍政權稅草徵收的兩個問題》，載《2000 年敦煌學國際研討會論文集》，甘肅民族出版社 2003 年版。

303 參閱劉進寶：《歸義軍政權稅柴徵收試探》，載《第五屆唐代文化學術研討會論文集》，（高雄）麗文文化事業有限公司 2001 年版。

304 童丕據此提出「官布」的屬性為麻布，亦不大符合實際。詳見劉進寶：《〈敦煌的借貸〉評介》，載季羡林、饒宗頤主編：《敦煌吐魯番研究》第七卷，中華書局 2004 年版。

「官布」除了在「緤」類中大量存在外，還與「褐」等毛織品一起作為納贈品，如 P.2842 背《乙酉年正月廿九日孔來兒身故納贈曆》[305]：

1. 乙酉年正月廿九日，孔來兒身故納僧（贈）曆
2. 石社官紫褐八尺，白細褐二丈五尺，土布一疋，白褐〔伍〕□；
3. 武社長生褐三丈八尺，非（緋）褐內接二丈九尺；
4. 高錄事白生褐三丈七尺，又生褐四丈二尺；
5. 高山山立機二丈三尺，生褐二丈五尺，又生〔褐〕四十五尺；
6. 羅英達非（緋）褐內三接口丈三尺，□非（緋）褐□□□
7. 郭席錄白褐二丈，〔立機〕二丈，白官布二丈四尺，又生立機二丈；
8. 王清子
9. 樊虞候非（緋）褐二丈，紫褐七尺，白生褐一丈二尺；
10. 游流住白綿綾三丈，白生〔褐〕四十四尺；
11. 王再慶生官布一丈七尺，生褐二丈；
12. 王骨子白生褐四〔十〕四尺，白立機二丈四尺；

（後缺）

本件文書中的「紫褐」、「白細褐」、「生褐」、「緋褐」、「白生褐」等「褐」，顯然是指毛織品，與其並列的「土布」、「立機」、「白官布」、「白綿綾」、「生官布」等，雖不能說全是毛織品，但也絕不能說這裡的

---

305 文書圖版見《法藏敦煌西域文獻》第十九冊，第 82 頁。錄文見《釋錄》第一輯，第 362 頁。

「白官布」、「生官布」就是棉布。

　　説官布是棉布的主要論據，就是在敦煌的分類賬中，官布屬於緤類，而緤是指棉布，所以官布也自然而然就是棉布。實際上，前面已經作了論證，緤除了棉花、棉布這一含義外，還有毛布這層意義。因此，當我們轉換一個思路，將緤是毛織品這一含義挖掘後，官布的屬性也就好理解了，即官布應該是毛布。因為晚唐五代時期的敦煌，牧羊業十分發達，如據 P.2484《戊辰年十月十八日歸義軍算會群牧駝馬牛羊見行籍》[306]統計，楊住成等十六個牧羊人共放牧羊四七七八隻，平均每人近三百隻。[307]牧羊的主要用途之一就是剪毛紡線、織布，敦煌文書中有許多剪羊毛的記載。如前引P.2049 背《後唐同光三年沙州淨土寺直歲保護手下諸色入破曆算會稿》[308]中就有「粟一斗，馬家付本剪殺羊毛用」；「油一升，拔羊毛用」；「麵一斗五升，剪毀羊毛用」；「麵二升，剪毀羊毛用」的記載。而 S.0542 背《戊年沙州諸寺寺戶妻女放毛簿》[309]，則是沙州寺戶妻女紡毛的登記簿，該文書雖前殘後缺，但還是保存了曹仙妻安等二十人各放（紡）毛半斤的記載，對我們探討沙州的毛紡業有一定的幫助。

　　P.2703 背《壬申年（西元 972）十二月故都頭知內宅務安延達等狀》[310]則是歸義軍西宅、北宅、南宅從內宅司領取羊毛的狀稿。從此件

---

306 文書圖版見《法藏敦煌西域文獻》第十四冊，第 262-263 頁。錄文見《釋錄》第三輯，第 590-595 頁。

307 參閱劉進寶：《歸義軍土地制度初探》，載《敦煌研究》1997 年第 2 期。

308 文書圖版見《法藏敦煌西域文獻》第四冊，第 234-243 頁。錄文見《釋錄》第三輯，第 347－366 頁。

309 文書圖版見《英藏敦煌文獻（漢文佛經以外部分）》第二卷，第 23-34 頁。錄文見《釋錄》第二輯，第 394-400 頁。

310 文書圖版見《法藏敦煌西域文獻》第十七冊，上海古籍出版社 2001 年版，第 313-314 頁。錄文見《釋錄》第三輯，第 616 頁。

歸義軍當政者之宅官從內宅司領取羊毛的狀文可知，當時羊毛的用途較多，用量較大。但從一般常理及西北地區衣服穿著考慮，羊毛的主要用途當是用來紡線織布，而「任土所宜」，據地徵納的「官布」自然也應該是毛布。

　　吐蕃占領敦煌後，將唐王朝的鄉里制改為部落——將制，設置了好幾個部落，其中就有一「絲綿部落」。論者多認為，所謂「絲綿部落」當與棉花的種植有關，因此吐蕃時期敦煌就有了棉花的種植。對此，藤枝晃先生早就指出，絲綿部落當與絲綢製造有關。[311]而鄭炳林先生則認為：「當然其中很〔可〕能包括棉布的生產。」[312]實際上，藤枝晃先生的解釋是正確的。這裡的「綿」，乃是指絲綢類而言，因西域有些地區，「養蠶不以為絲，唯充綿纊」。[313]纊者，絲綿也。在吐魯番文書中，有許多關於「綿」的資料，但都是指絲綿，而非棉花或棉布，因此，唐長孺、韓國磐先生皆指出，這些「綿」乃是指絲綢類而言，並非是指棉布。[314]姜伯勤先生更明確地指出，在八、九世紀之交吐蕃管轄敦煌時期，有專門「從事絲絹生產與銷售的絲綿部落。」[315]因此，我們不能以「絲綿部落」的存在，作為敦煌在吐蕃時期就已經種植棉花的論據。

---

311 〔日〕藤枝晃：《吐蕃統治時期的敦煌》，載日本《東方學報》第31號，1961年。

312 鄭炳林：《晚唐五代敦煌地區種植棉花研究》，載《中國史研究》1999年第3期。

313 《周書》卷五十《異域下・焉耆國》，第916頁。

314 詳見唐長孺：《吐魯番文書中所見絲織手工業技術在西域各地的傳播》，載《出土文獻研究》，文物出版社1985年版，第146-151頁。又收入同氏《山居存稿》，中華書局1989年版，第388-398頁；韓國磐：《從吐魯番出土文書來看高昌的絲棉織業》，見同氏主編：《敦煌吐魯番出土經濟文書研究》，廈門大學出版社1986年版，第349頁。

315 姜伯勤：《敦煌吐魯番文書與絲綢之路》，文物出版社1994年版，第223頁。

五、唐五代時內地還沒有棉花

唐五代時，內地應該還沒有棉花種植，棉布還是稀有珍貴之物。而棉花種植論者，常常所引用的「唐朝詩文中的棉布似乎更多地是指一種流行的新奇之物，而不是指古代所熟悉的東西」。[316]史籍文獻中的零星記載，也說明唐代時棉布乃是新奇之物，如中唐時，賈昌在長安，「行都市間。見有賣白衫白疊布，行鄰比廛間。有人襄病，法用皂布一匹，持重價不克致，竟以幞頭羅代之」。[317]可見「白疊布」在當時非常珍貴，「持重價不克致」。由於棉布稀有，在人世間很少得到，故在夢幻中出現。如李重在大中五年（西元 851）罷職後，一夕病中不起，「即令扃鍵其門……忽聞庭中窣然有聲，重視之，見一人衣緋，乃河西令蔡行己也。又有一人，衣白疊衣，在其後」。蔡行己及穿白疊衣之人還與李重一起飲酒、算卜、診病。當李重從夢幻中醒來時，「至庭中，乃無所見。視其門外，扃鍵如舊」。[318]另如百濟人釋真表，開元年中在深山中，求法成佛時，每經過七宵，就會有一大的進展，法成之後，「持天衣，執天缽，……草木為其低垂覆路，殊無溪谷高下之別。飛禽鷙獸，馴服步前……有女子提半端白氎覆於途中，表似警忙之色，迴避別行。女子怪其不平等，表曰：『吾非無慈不均也，適觀氎縷間皆是稀子，吾慮傷生，避其悮犯耳。』原其女子，本屠家販買得此布也。」[319]

---

316 〔美〕謝弗著，吳玉貴譯：《唐代的外來文明》，中國社會科學出版社 1995 年版，第442 頁。

317 《太平廣記》卷四百八十五引《東城老父傳》，第十冊第 3994 頁。

318 《太平廣記》卷三百五十一《李重》，第八冊第 2777 頁。

319 （宋）贊寧撰，范祥雍點校：《宋高僧傳》卷十四《唐百濟國金山寺真表傳》，中華書局 1987 年版，第 339-340 頁。

　　真表所見持白氎者，更是一種虛幻，但不論李重，還是真表，他們在虛幻中所見到的穿白疊衣及持白氎者，應是人世間真實生活的反映。由此使我們認識到，當時棉布還非常稀少珍貴，內地也應無棉花的種植。

　　我們説唐五代時，內地棉花稀缺珍貴，還能從周邊民族地區及外國的貢品中反映出來，為便於説明，現將唐後期五代宋初有關進貢棉布的資料列表如下：

年代	貢地	名稱	數量	資料出處
天寶八載九月	林邑國	鮮白氎	20 雙	《冊府元龜》卷九七一《外臣部・朝貢四》，中華書局 1960 年影印本，第 11413 頁，下同。
天寶九載三月	北邑	白花氎	不明	《冊府元龜》卷九七一《外臣部・朝貢四》，第 11413 頁
後唐同光四年	沙州曹議金	安西白氎	不明	《冊府元龜》卷一六九《帝王部・納貢獻》，第 2036 頁
後唐天成四年八月	高麗	白氎	不明	《冊府元龜》卷九七二《外臣部・朝貢五》，第 11422 頁

後唐應順元年正月	回鶻	波斯寶緤	不明	《冊府元龜》卷九七二《外臣部·朝貢五》，第11423頁
後唐應順二年七月	回鶻	白氈	不明	《冊府元龜》卷九七二《外臣部·朝貢五》，第11423頁
後唐清泰二年七月	回鶻	白氈	不明	《冊府元龜》卷九七二《外臣部·朝貢五》，第11423頁
後晉天福三年三月	回鶻	安西緤白氈布	不明	《冊府元龜》卷九七二《外臣部·朝貢五》，第11424頁
後晉天福三年九月	于闐	白氈布	不明	《冊府元龜》卷九七二《外臣部·朝貢五》，第11423頁
後晉天福三年	于闐	玉氈	不明	《新五代史》卷七四《四夷附錄三·于闐》，中華書局，1974年，第917頁

年代	貢地	名稱	數量	資料出處各
後晉天福四年三月	回鶻	闕氎	不明	《冊府元龜》卷九七二《外臣部・朝貢五》，第 11423 頁
後晉開運二年二月	回鶻	安西白氎	不明	《冊府元龜》卷九七二《外臣部・朝貢五》，第 11423 頁
後漢乾祐元年五月	回鶻	白氎	127 段	《冊府元龜》卷九七二《外臣部・朝貢五》，第 11423 頁
後周廣順元年二月	西州回鶻	白氎布	1329 段	《冊府元龜》卷九七二《外臣部・朝貢五》，第 11425 頁；《五代會要》卷二八《回鶻》，上海古籍出版社，1978 年，第 450 頁
後周廣順元年二月	回鶻	白氎	350 段	《冊府元龜》卷九七二《外臣部・朝貢五》，第 11425 頁
後周廣順二年三月	回鶻	白氎	不明	《冊府元龜》卷九七二《外臣部・朝貢五》，第 11425 頁

後周廣順元年二月	回鶻	白氎	不明	《舊五代史》卷一三八《外國列傳二·回鶻》，中華書局，1976 年，第 1843 頁
後周廣順三年正月	回鶻	白氎	770 段	《冊府元龜》卷九七二《外臣部·朝貢五》，第 11423 頁
周世宗時	沙州曹元忠	安西白氎	不明	《舊五代史》卷一三八《外國列傳二·吐蕃》，第 1841 頁 《新五代史》卷七四《四夷附錄三·吐蕃》，第 915 頁
宋乾德三年四月	回鶻	白氎布	30 段	《宋會要輯稿·蕃夷四》，中華書局，1957 年，第八冊第 7714 頁
宋天聖二年五月	回鶻	細白氎	不明	《宋史》卷四九〇《外國六·回鶻》，第 14117 頁

　　上表所列的西北棉布貢地，主要是新疆地區，除于闐兩次外，大多為回鶻。這裡的「回鶻」主要是指高昌，因高昌「其地頗有回鶻，故亦謂之回鶻」。[320]而沙州曹議金和曹元忠也各貢一次，但明確標明為「安西白氎」，即新疆地區的棉布。如果當時敦煌（沙州）已種植棉花，紡織棉布的話，沙州歸義軍節度使曹議金和曹元忠為何還要以「安西白氎」人貢呢？

　　另外，王延德從太平興國六年（西元 981）西行，雍熙元年（西元984）返回京師，其一路所見，也只有高昌有「白氎」。[321]

　　至於《資治通鑑》卷一五九所記梁武帝「身衣布衣，木縣皁帳」，胡三省注：「木棉，江南多有之，以春二三月之晦下子種之。既生，須一月三薅其四旁；失時不薅，則為草所荒穢，輒萎死。入夏漸茂，至秋生黃花結實。及熟時，其皮四裂，其中綻出如綿。土人以鐵鋌碾去其核，取如綿者，以竹為小弓，長尺四五寸許，牽弦以彈綿，令其匀細。卷為小箇，就車紡之，自然抽緒，如繰絲狀，不勞紉緝，織以為布。自閩、廣來者，尤為麗密。⋯⋯海南蠻人織為巾，上出細字雜花卉，尤工巧，即古所謂白疊巾。」[322]胡三省乃宋末元初之人，他的注解雖然是確指棉花的種植和棉布的紡織，但這段注文是根據北宋史炤《通鑑釋文》中的話寫成的，存在以宋、元情況釋古之嫌，[323]而不能以此來說明南北朝時內地已種植棉花和紡織棉布。

　　通常的說法是，棉花是通過南北兩路傳入中國的，南方是印度經

320　《宋史》卷四九〇《外國六・高昌》，第 14110 頁。

321　《宋史》卷四九〇《外國六・高昌》，第 14111 頁。

322　《資治通鑑》卷一五九，第 4934 頁。

323　參閱張秉權：《中國古代的棉織品》，載《中央研究院歷史語言研究所集刊》第 52本，臺北，1981 年，第 203-233 頁；張澤咸：《唐代工商業》，中國社會科學出版社1995 年版，第 119 頁。

由東南亞傳入中國的海南島、兩廣地區，經緬甸傳入中國的雲南地區；北方是經中亞傳入中國的新疆地區，再到河西走廊。棉花確實是從印度經中亞傳入了新疆，但我們找不到宋代以前在河西及西北地區種植棉花的記載。就是內地的棉花，也不是通過西北，而是通過南線傳入的，如方勺《泊宅編》曰：「閩廣多種木綿，樹高七八尺，葉如柞，結實如大菱而色青，秋深即開，露白綿茸然。土人摘取去殼，以鐵杖捍盡黑子，徐以小弓彈令紛起，然後紡績為布，名曰吉貝。今所貨木綿，特其細緊者爾。當以花多為勝，橫數之得一百二十花，此最上品。海南蠻人織為巾，上出細字，雜花卉，尤工巧，即古所謂白疊巾。」[324]這裡所說的白疊，顯然是指南方的棉花種植，因「《泊宅編》所記多是宋元祐到政和年間（1086-1117）之事；作者方勺，家居浙江湖州西溪，對福建省的情形，似乎很熟悉」。[325]「儘管商人們不斷經由絲路將棉織品由中亞帶往中國，棉花的種植與紡織卻直到大約十三世紀才傳入中國內地。而且，二者所需要的先進技術都從中國南部而非西北，傳入長江下游地區」。[326]據漆俠先生考證：「棉花之於宋代逾嶺表而至兩浙、江東，宋末又逾長江而至揚州，並及於淮南，棉花之由南向北傳播告一結束。」[327]

　　西北地區棉花的種植，從元朝開始才見於記載，但也非常籠統，很不具體。如元代官修的《農桑輯要》曰：「苧麻本南方之物，木棉亦西域所產。近歲以來，苧麻藝於河南，木棉種於陝右，滋茂繁盛，與

324 （宋）方勺：《泊宅編》卷三，中華書局1983年版，第16頁。

325 《農政全書校注》卷三十五「校注三」，第981頁。

326 〔日〕盛餘韻：《中國西北邊疆六至七世紀的紡織生產：新品種及其創制人》注16，載《敦煌吐魯番研究》第四卷，第352頁。

327 漆俠：《宋代植棉考》，收人氏著《探知集》，第281頁注1。

本土無異。二方之民，深荷其利。」[328]這裡説木棉本「西域所產」，現在「種於陝右」，「與本土無異」，但沒有説明傳入的路線。有的學者據此認為「棉花的種植直到十三世紀前不久，才經過河西走廊，傳到陝北一帶」。[329]王楨《農書》記載曰：木棉「其種本南海諸國所產，後福建諸縣皆有，近江東、陝右亦多種，滋茂繁盛，與本土無異」[330]，似乎是説「陝右」的棉花是從南方傳來的。明代中葉的丘濬在《大學衍義補》卷二十二《貢賦之常》中説：「蓋自古中國所以為衣者，絲、麻、葛、褐四者而已。漢、唐之世，遠夷雖以木綿入貢，中國未有其種，民未以為服，官未以為調。宋、元之間，始傳其種入中國，關陝、閩、廣，首得其利。蓋此物出外夷，閩、廣海通舶商，關陝壤接西域故也。然是時猶未以為徵賦，故宋、元史食貨志皆不載。至我朝，其種乃遍布於天下，地無南北皆宜之，人無貧富皆賴之。」[331]

　　早在南北朝時，新疆就開始種植棉花，但為何棉花在新疆的種植地域有限，種植的量也不大。與吐魯番氣候相近，交通又十分便利，經濟貿易往來非常頻繁的敦煌，為何遲遲沒有種植棉花呢？從元代開始，雖有了陝右種植棉花的記載，但新疆的棉花通過河西走廊傳入西北，再到內地的路線，為何沒有明確的文獻記載呢？所有這些問題都值得我們深思。

---

328 繆啟愉校釋：《元刻農桑輯要校釋》卷二《苧麻木棉》，農業出版社 1988 年版，第 148 頁。

329 趙岡：《唐代西州的布價——從物價看古代中國的棉紡織業》，載臺灣《幼獅月刊》第四十六卷，1977 年第 6 期。

330 王毓瑚點校：《王楨農書》之《百谷譜集之十·木棉》，農業出版社 1981 年版，第 161 頁。

331 （明）丘濬：《大學衍義補》卷二十二《貢賦之常》，《文淵閣四庫全書》第 712 冊，上海古籍出版社 1987 年版，第 307 頁。

　　據沙比提先生介紹，新疆發現的棉籽，經中國農業科學院棉花研究所鑒定，乃是草棉，即非洲棉的種籽。[332]這種棉耐乾旱，適於中國西北邊疆的氣候，且生產期短，只要一百三十天左右，因此種植棉花並不難。于紹杰先生認為：「由於草棉的產量低，纖維品質差，只東傳到甘肅；一說曾到陝西西部，但未能繼續東進。」[333]于紹杰先生的研究，主要是肯定華南是中國植棉最早的地區，中國棉花是自南向北發展的，北傳遲的原因是北方麻和絲織品發展很早，已基本能供應中原人民的需要，不急於引種棉花。而對西北地區棉花的種植、傳播基本上沒有著筆，且屬推論。趙岡先生認為，此棉種的棉絲與棉籽附著堅固，脫子不易，在大彈弓發明以前，去籽是一道很費時的工序。而草棉纖維過短，只適於織粗布。再加上西北邊疆的氣候過於乾燥，濕度很小，織布時棉紗易斷。如果一定要生產高級的細布，就要有特種設備，並增加室內的濕度，才能紡出細紗。正是由於這些原因，唐代西北邊疆的棉布生產，成本甚高，無法與內地生產的絲綢麻布相抗衡。[334]

　　筆者認為，趙岡先生的推論有一定的道理，也可能正是由於新疆地區種植的草棉品種較差，織布成本高，所以在推廣中受到了侷限。而且它根本就沒有在敦煌及河西其他地區種植，也自然就沒有經河西走廊傳入內地。至於宋元之際在陝右種植的棉花，應該不是原來新疆種植的草棉，也不是經河西走廊傳入的，而是其他的棉種，可能是從南方傳入的。

---

332 參閱沙比提：《從考古發掘資料看新疆古代的棉花種植和紡織》，載《文物》1973 年第 10 期。

333 于紹杰：《中國植棉史考證》，載《中國農史》1993 年第 2 期。

334 參閱趙岡：《唐代西州的布價──從物價看古代中國的棉紡織業》，載臺灣《幼獅月刊》第四十六卷，1977 年第 6 期。

　　（原載《歷史研究》2004 年第 6 期。本文發表後，鄭炳林先生在《歷史研究》2005 年第 5 期發表了《晚唐五代敦煌種植棉花辨析——兼答劉進寶先生》，吳震先生在 2005 年 8 月召開的「第二屆吐魯番學國際學術研討會」上提交了《關於古代植棉研究中的一些問題》，見《吐魯番學研究》2005 年第 1 期、新疆吐魯番文物局編《吐魯番學研究：第二屆吐魯番學國際學術研討會論文集》，上海辭書出版社 2006 年，讀者可參閱。本文修改稿已經對有關問題作了回應）

附錄一：盧向前《唐代西州土地關係述論》評介

　　北魏隋唐的均田制，作為中國古代土地制度的組成部分，長期以來是國內外史學界研究的重點和熱點。國內外學者在均田制研究方面的成果，可以說實在太豐碩了，僅國內出版的專著就有韓國磐《隋唐的均田制度》[1]及修訂本《北朝隋唐的均田制度》[2]、宋家鈺《唐朝戶籍法與均田制研究》[3]、武建國《均田制研究》[4]、楊際平《敦煌吐魯番文書研究：均田制新探》[5]和其增訂本《北朝隋唐均田制新探》[6]、〔日〕堀敏一《均田制的研究》[7]、〔日〕鈴木俊、山本達郎等著《唐代均田制研究選譯》[8]等，發表的論文可以說是以千萬計。一般認為，均田制

1　韓國磐：《隋唐的均田制度》，上海人民出版社 1957 年版。

2　韓國磐：《北朝隋唐的均田制度》，上海人民出版社 1984 年版。

3　宋家鈺：《唐朝戶籍法與均田制研究》，中州古籍出版社 1988 年版。

4　武建國：《均田制研究》，雲南人民出版社 1992 年版。

5　楊際平：《敦煌吐魯番文書研究：均田制新探》，廈門大學出版社 1992 年版。

6　楊際平：《北朝隋唐均田制新探》，岳麓書社 2003 年版。

7　〔日〕堀敏一：《均田制的研究》，福建人民出版社 1984 年版。

8　〔日〕鈴木俊、山本達郎等：《唐代均田制研究選譯》，甘肅教育出版社 1992 年版。

研究應該說沒有剩義可言了。但盧向前先生的《唐代西州土地關係述論》[9]（以下簡稱《述論》）一書，卻另闢蹊徑，以西州為地點，以吐魯番文書為主，以西元六四〇年至七七二年為時間段，對此時、此地均田制的發生、演變、實施和敗壞進行了系統地研究。這一個案的探討，對學術研究頗有啟發，即對一些看似已成定論的問題，當轉換視角，或從另一個角度思考的話，可能就會有意想不到的收穫，正可謂「橫看成嶺側成峰，遠近高低各不同」。

全書約三十萬字，由前言和正文六章組成，書前還有王永興先生的序，書後附有「引用書文目」和「本書所引敦煌吐魯番出土文書索引」。

本書以唐代的西州（今新疆吐魯番）作為研究對象，其時間範圍，則是從唐太宗貞觀十四年（西元 640）唐滅高昌設置西州開始，到唐德宗貞元八年（西元 792）西州陷於吐蕃時止。實際上，由於從唐代宗大曆七年（西元 772）到貞元八年這二十年間的材料缺乏，本書基本上沒有涉及。因此，其時段是從西元六四〇年至七七二年的一百三十多年。研究的內容是土地制度，而此階段正是實行均田制的時期，因此，此時期的土地制度也就是均田制的一個部分或者說是一個階段。按照均田制的授田規定，西州又屬於狹鄉，因此，可以將本書視作「唐代狹鄉實行均田制的縮影」。

第一章《西州實行均田制之進程》，首先以《唐會要》卷九十五《高昌》和《新唐書》卷二百二十一上《西域上·高昌傳》所出現的「西昌州」為線索，指出在侯君集平高昌到唐設西州之間還有一短暫的「西昌州」時期，但由於「西昌州」存在的時間太短，許多文獻如《資治

9　盧向前：《唐代西州土地關係述論》，上海古籍出版社 2001 年版。

通鑑》、《舊唐書》、《通典》等都沒有提及，也不為後世所注意。由於作者注意到了「西昌州」的存在，又利用典籍文獻，並考慮到了高昌與唐都城長安的距離，捷報文書和詔令到達及傳送的時間（作者將高昌到長安兩地的單程時間按 18 天計）等等，從而排列出了西州成立的時間表：八月八日，侯君集克高昌；八月十日，侯君集從高昌報捷；八月二十八日，報捷文書到達長安；九月九日，唐王朝決定設立西昌州；九月二十二日，唐政府改西昌州為西州；九月二十七日，在高昌立西昌州；十月十日，在高昌將西昌州改為西州。

在阿斯塔那 78 號墓所出《唐貞觀十四年（西元 640）西州高昌縣李石住等戶手實》中有「合受田八十畝」的記載，土肥義和、唐長孺、池田溫、楊際平等學者都從不同側面，尤其是均田制的授田額方面進行了探討。對此，盧向前氏指出：「從西昌州、西州設立時間及合受田八十畝的含義看來，貞觀十四年九月手實既非均田制之產物，又與均田制有著連繫」。它與武德令「狹鄉減寬鄉之半」授田有關，即老男當戶額六十畝的二分之一，再加丁男一百畝的二分之一，但又不分永業、口分田，這是因為「高昌部民顯然不熟悉內地執行田令之實際」而造成的。作者認為，雖然貞觀十四年已平定高昌，但並未能立即推行均田制，一年多後的貞觀十六年正月，《巡撫高昌詔》的頒佈，才是西州均田成立的標誌，因為詔中明確說：「彼州所有官田，並分給舊官人首望及百姓等」，「應該說，唐代西州真正推行均田制是以此詔令為端緒的，以此為契機，西州似乎開始制定授受田額，實行均田。」（《述論》第 31 頁，以下凡引用本書只注明頁碼）

本章最後，作者對《唐西州高昌縣授田簿》進行了個案研究，重新排列了順序，並將其時代斷為貞觀十六、七年間。同時，作者還對《授田簿》中的退田者和受田者進行了辨析，如「右給得史阿伯仁部田

六畝穆石石充分」；「右給得史阿伯仁部田參畝孫佑住充分」；「右給得
康烏破門陀部田三畝郭知德充分」等如何理解？作者從《授田簿》及
其他吐魯番文書中找到證據，指出退田者前面有一詞即「給得」，因
此，「史阿伯仁為退田者，穆石石和孫佑住是受田者」，而「右給得康
烏破門陀部田三畝郭知德充分」的意思就是「右得康烏破門陀部田三
畝給郭知德充分」。（37 頁）

　　但作者認為《授田簿》中的退田者多為「移戶」似乎還應重新探
討。

　　另如第三十八頁說：「《授田簿》並非以受田者為基本單位登錄」，
而第三十九頁又說：「從第四件曹定德死退記錄狀況看，恰恰說明給
（授）田簿是以受田者為基本單位登錄的事實」。這是相互矛盾的。

　　第二章《西州的常田、部田及賜田》，在宮崎市定《論吐魯番出現
的田土文書的性質》[10]、馬雍《麴斌造寺碑所反映的高昌土地問題》[11]、
楊際平《試考唐代吐魯番地區「部田」的歷史淵源》[12]、《再論麴氏高
昌與唐代西州「部田」的歷史淵源》[13]、黃永年《唐代籍帳中「常田」「部
田」諸詞試釋》[14]、趙呂甫《唐代吐魯番文書「常田」「部田」名義試

10　〔日〕宮崎市定：《論吐魯番出現的田土文書的性質》，載《史林》第 43 卷第 3 號，
　　1960 年。

11　馬雍：《麴斌造寺碑所反映的高昌土地問題》，載《文物》1976 年第 12 期。

12　楊際平：《試考唐代吐魯番地區「部田」的歷史淵源》，載《中國社會經濟史研究》
　　1982 年第 1 期。

13　楊際平：《再論麴氏高昌與唐代西州「部田」的歷史淵源》，載《中國史研究》1988
　　年第 2 期。

14　黃永年：《唐代籍帳中「常田」「部田」諸詞試釋》，載《文史》第 19 輯，中華書局
　　1983 年版。又見黃永年：《文史存稿》，三秦出版社 2004 年版。

釋》[15]、孔祥星《吐魯番文書中的「常田」與「部田」》[16]、池田溫《唐代西州給田制之特徵》[17]等學者研究的基礎上，對常田、部田進行了更進一步的探索，指出常田是指一年兩熟的土地，部田是指一年一熟的土地。具體來説：「常田一般一年二作，春季種植大麥或青麥，五月收穫；夏季種植粟或禾，十月收獲。部田一般一年一作，或春季種植小麥，五六月收穫；或夏季種植粟或禾，十月收穫。」（58 頁）另外從水利灌溉的角度看，可以將利於灌溉的土地稱作常田，即常田是常年得水利澆溉之土地；不易澆灌的土地稱作部田，即「少高印」之田。

作者提出的「常田」一年二作，根據吐魯番地區的氣候，似乎比較困難，還應給予全面考慮。所説「部田」表示「不易澆溉之高地」，可以説是近年來常田、部田研究方面的新見解。在此新見解的論證中，作者引用了《春秋左氏傳》、《風俗通義》及宋代范成大《吳郡志》等資料，既從史學角度加以解説，又從文字音韻方面展開討論；同時還利用池田溫先生檢索的唐以前吐魯番文書中出現的「部田」，其年代都在麴氏高昌時期，亦即西元五八八至六三二年間。也就是說，最早出現部田名稱的年代在西元五八八年，時當隋開皇八年。由此作者進一步指出：「從東漢齊魯間之部田，到北魏以後齊地之每年二易之田，再到麴氏高昌中晚期之部田」，應該有著某種連繫。這種連繫，也取決於西元五八八年前後的政治交通狀況，即高昌與中原的交往大大加強。並進而提出：「部田是麴氏高昌從中原引進的新名詞，它是指那些

15　趙呂甫：《唐代吐魯番文書「部田」「常田」名義試疑》，載《中國史研究》1984 年第 4 期。

16　孔祥星：《吐魯番文書中的「常田」與「部田」》，載《中國歷史博物館館刊》總 9 期（1986 年）。

17　〔日〕池田溫：《唐代西州給田制之特徵》，載《敦煌吐魯番學研究論文集》，漢語大辭典出版社 1990 年版。

『少高印』、不易澆溉之土地。」（89-90 頁）

　　作者關於「部田」的新解說，給我們提供了新的思路。據《晉書》卷四十七《傅玄傳》載：「近魏初課田，不務多其頃畝，但務修其功力，故白田收至十餘斛，水田收數十斛。自頃以來，日增田頃畝之課，而田兵益甚，功不能修理，至畝數斛已還，或不足以償種。非與曩時異天地，橫遇災害也，其病正在於務多頃畝而功不修耳。竊見河堤謁者石恢甚精練水事及田事，知其利害，乞中書召恢，委曲問其得失，必有所補益。」

　　這裡的「白田」與水田相對，即「白田」是旱田，白、薄、簿應相同，而薄、簿又與部相同，故白、部亦相同，即「白田」與「部田」相同。因此，筆者推測，「部田」是指不能澆灌的旱田，與其相對應的「常田」就應該是能夠澆上水的田地。在敦煌吐魯番文書中常常將「地水」連用，可能也與此有關。

　　西州的部田大多以一分為三的方式授受，即如果九畝部田的話，分為三段各三畝，如果六畝部田就分為三段各二畝，這又是為何呢？《述論》認為，這主要與土地質量的好壞有關。因為就西州來說，既有田土之厚薄、土質之高下的區別，也有水利之好差，道里之近遠的事實。「既然田土有厚薄，為了達到均平的目的，分配的最好方式自然是按其地段，各家各戶各得一份。於是便出現了部田必一分為三授受的情況，哪怕是某一處或二處能滿足分額，也置之不顧。」（77頁）

　　由此，作者提出了西州土地授受中的三種額度，即一丁「常田四畝、部田二畝」（即常田四畝、一易部田二畝）是最基本的定額，也就是基準額。在此基準額的基礎上折算出來了「常田四畝、部田四畝」（即常田四畝、二易部田四畝）的折算額，「常田四畝、部田六畝」（即常田四畝、三易部田六畝）的標準額。

　　這樣就出現了一個矛盾，既然「常田四畝、部田二畝」是西州土地授予的基準，為何又以「常田四畝、部田六畝」的標準執行呢？對此，作者從兩個方面給予了解釋：首先是由於西州的土地面積和人口關係。唐貞觀十四年平定高昌後，有墾地九百頃，其時高昌的人口是八〇四六戶、三七七三八口。平均每戶可有墾田十一畝多，若以一戶有一丁計，則大約一丁可得地十畝。而西州的部田又比常田多，常田與部田的比例大約為四比六。部田中又以三易部田為多，因此，在土地授受中就以「常田四畝、部田六畝」作為標準來執行了。另外，西州又是全國的一部分，唐朝統治者總是竭力要將其田制納入「均田」的軌道，而西州官府為了保持和全國的一致，為了和全國的均田體制接軌，也就必須採納以十畝田土的授受作為標準。實施「常田四畝、部田六畝」的土地授受，「正是表現了唐代西州田制的普遍意義。」（112頁）

　　向前先生的論說有一定的道理，但按當時西州人口和戶數的比例，每戶平均四點七口。在每戶的四點七口中，難道只有一人為丁男嗎？若以二十歲成丁、六十歲人老計算，一般情況下，可能也有一半的人戶，每家會有二人為丁男。如果是這樣，向前先生以上的研究就還有重新討論之必要。

　　池田溫《中國古代籍帳研究》有《唐開元二十九年前後西州高昌縣退田簿及有關文書》七十六件。其中第七十四件文書（416頁）曰：

1. ＿＿＿籍帳未除。戶俱第六，家有母及叔母
2. 二人丁寡。合受常田三畝、部田五畝。所合退地請
3. 追靜敏母問。即知退地□□請處分。
4. 牒件狀如前，謹牒。

5.　　　　　開元廿五年四月　日裡正孫鼠居牒。

　　同號第五十一件文書又有「和靜敏死退二畝（常田）、三畝（部
田）」（413頁）的記載。由此作者指出：「和靜敏死，其地當退常田二
畝、部田三畝，但因其母與叔母丁寡而合戶……這常田三畝、部田五
畝就是西州二寡合戶之授田之標準。」（114頁）「西州合戶之受田，不
為戶主之老男亦應有此份額。」（116頁）

　　關於敦煌文書中「自田」、吐魯番文書中「自至」的含義，歷來眾
説紛紜，目前主要有均田土地説、完全私田説、均田私田兩存説。盧
向前氏在西島定生、山本達郎、楊際平等學者研究的基礎上，通過對
「部田」、「易田」的考察，對現存觀點提出了質疑，認為唐代西州之
「自至」、沙州之「自田」等概念及性質有重新考察之必要[18]。在《唐西
州高昌縣授田簿》中，「退田者的一段部田，雖然被有比例地分割成二
段、三段分授給受田者，但是在這些被分割的地段的四至記載上，仍
然保持著原先的狀貌。」如「左熹相共退部田三段九畝，一段三畝在城
西五里胡麻井渠，被分割成三段各一畝分授給何漏、郭驢子及佚名，
這被分割的各一畝三段的四至，都是『東張花　西左延海　南荒　北
荒』」，而「此件文書常田分割的四至記載中，卻出現了截然不同的境
況」，如李慶熹所得第二段常田四至記載中有「西白隆仁」，而在白隆
仁所得常田四至記載中則有「東李慶熹」，可見這二段常田是相鄰的，
即「這兩段常田原本是一段，當著田土授受時，劃成了東西兩段分給
了兩人，四至也隨即改寫了。」（123頁）而「『易田』就是完整的『部
田』中的一段。」（126頁）至於四至改寫的時間，向前先生推測，「既

18　參閱盧向前：《唐代西州土地關係述論》，第130頁

不是手實上呈時，亦不是在戶籍制定時，乃是在戶籍廢棄時」。（130頁）

向前先生關於四至的新解說給我們提供了啟示，以前的研究者側重於說「自田」就是自己的另外一段地，現在看來可能還有問題。因敦煌文書 Дx.2163《唐大中六年（852）十一月百姓杜福勝申報戶口田畝狀》[19]最後署名為「大中六年十一月　日百姓杜福勝謹狀」，文書雖殘缺，但從其內容可知，應是杜福勝申報戶口田地狀。該狀文在五段土地及園舍中，有兩處提到了「字（自）田」，另有兩處的四至中則是「福勝」，即「北至福勝」、「東至福勝」。若「自田」是自己的另外一塊土地，為何不署「自田」而為「福勝」呢？

另外，S.3877 背《唐天復九年（西元 909）安力子賣地契》[20]曰：安力子在階和渠有地兩段共七畝，一段五畝，一段二畝。其中在第二段地（二畝）的「四至」中有「西至安力子」。這又如何理解？為何不寫成「西至自田」呢？第一段（五畝）的「東至唐榮德」，為何又不是「東至安力子」或「東至自田」呢？

同號（S.3877 背）《唐乾寧四年（897）張義全賣宅舍基契》[21]，在其出賣的宅舍四至中，「西至張義全」為何不寫成「自舍」呢？

P.4989《唐年代未詳（西元九世紀後期？）沙州安善進等戶口田地狀》[22]第七至十行為張孝順戶的人口田地狀，其總「授田壹拾捌畝：延康上口渠地壹段參畦共陸畝，東至渠，西至佛奴，南至自田，北至張佛奴；又地壹段陸畦共拾貳畝，東至張佛奴，西至自田，南至自田，

19　唐耕耦等：《釋錄》，第二輯，第 467 頁。

20　唐耕耦等：《釋錄》，第二輯，第 8 頁；沙知：《敦煌契約文書輯校》，第 18-19 頁。

21　唐耕耦等：《釋錄》，第二輯，第 6 頁。

22　唐耕耦等：《釋錄》，第二輯，第 471-472 頁。

北至董榮。」

由此文書可知，張孝順戶共授田十八畝，其中六畝一段，十二畝一段。但在這兩段土地的四至中，南面都是「自田」，一段（十二畝）的西為「自田」。張孝順戶只有兩段地，若「自田」為自己另外的土地，則「南至自田」是無法解釋的。

另外，S.4125《宋雍熙二年（西元 985）正月一日百姓鄧永興戶狀二件》[23]中，第一件鄧永興的「都授田」中，在「千渠小第一渠上界地」只有一段，即「玖畦共貳拾畝，東至楊闍梨，西至白黑兒及米定興並楊闍梨，南至米定興及自田，北至白黑兒及米定興。」與 P.4989 號文書一樣，在這裡只有一段土地，那「自田」怎能說是自己另外的一段土地呢？

由此可見，敦煌的「自田」確實還有繼續探討之必要。

吐魯番文書中出現了「合附籍田」，其含義為何呢？韓國磐先生認為，「合附籍田」既不是買田，也不是新授之田，「我推測這是按田令此戶合該得田若干畝，就寫成『合附籍田』，與一般寫為『應受田』之意相同。」[24]池田溫先生認為，「合附籍田」「大概為籍帳之應受田，而『應受田』實際表示西州給田中之已受田。」[25]而盧向前氏則提出：「合附籍田是應受田與賜田之和」。雖然目前還無法認定向前先生的推論，但起碼為學術研究又提供了一條新的思路。

唐代的中原地區有較多的賜田存在，據吐魯番文書記載，西州也有賜田。那西州的賜田是否與中原地區一致呢？向前先生提出：「西州

23　唐耕耦等：《釋錄》，第二輯，479-480 頁。

24　韓國磐：《再論唐朝西州的田制》，載韓國磐主編《敦煌吐魯番出土經濟文書研究》，廈門大學出版社 1986 年版。

25　〔日〕池田溫：《唐代西州給田制之特徵》，載《敦煌吐魯番學研究論文集》。

賜田至少存在著三種以上的標準額，那就是：三畝一百六十步、三畝
六十步、三畝等等。無論如何，它們總顯現了西州賜田細碎之特點。」
（153頁）同時還指出，西州賜田所授予的對象，並非如中原地區主要
是皇親國戚、有功之臣（人）和親隨之人，而是受田不足的百姓，即
「西州賜田所授予對象是不足標準額的部分百姓。」（158頁）因此，西
州賜田還需還授，即納入了均田制的軌道。

第三章《西州的還田與授田》指出，由於西州的土地少，每丁僅
得十畝，因此其退田主要是「入老、死亡退田」。而在退田的程序中，
最主要的環節就是退田簿的勘造。退田簿由里正勘造，其依據是民戶
的手實，但卻以鄉為單位製作，而以牒的形式向縣府申報。

《唐開元二十九年西州高昌縣給田簿》[26]，在每戶戶主、土地性質
（常田或部田）、地段、四至後，常有一些特別的記載，如「給張英彥
充『泰』」；「昌」「已上雷承福充『泰』」；「戎」「給王泥奴充『泰』」；
「給馬難『西』當『天』」等。這與一些《給田簿》上縣令注文的「昌」、
「大」和「泰」、「天」相同，即「天」、「泰」是高昌縣官吏的人名簡
寫，「昌」、「大」等字是鄉名簡寫。「泰」分管五個鄉，即昌＝寧昌鄉、
戎＝寧戎鄉、順＝順義鄉、化＝崇化鄉、平＝太平鄉；而「天」分管另五
個鄉，即西＝安西鄉、城＝武城鄉、尚＝尚賢鄉、大＝寧大鄉、歸＝歸義
鄉。

這些注文都是土地退授中的批注，如《給田簿》中有：

2. 曹完德死退☐☐☐

（中略）

---

26 〔日〕池田溫：《中國古代籍帳研究》，第418頁。

8. 一段参畝（薄田）城東六十里橫截城阿魏渠　東至渠　西至道　南至渠☐☐☐

9. 「壹畝給安忠『大』秀『天』貳畝給

10.『戎』義仙充『泰』」。

引號中的這些文字說明：曹定德死後的退田中，就有城東六十里的一段三畝薄田，這三畝死退的薄田，其中的壹畝由官員「天」批示，授給了寧大鄉的安忠秀，貳畝則由官員「泰」批示，授給了寧戎鄉的義仙。

第四章《西州的籍外田、官田和還公田》指出，西州與中原內地一樣，存在著部分「籍外田」，也就是「未在官方之帳籍中登記者」。這類「籍外田」，應屬非法的、隱蔽的私人土地。但這類土地一經官府括出，其性質就發生了變化，它就成了合法的、公開的、由官方掌管的土地了。並對籍外田的存在情況進行了探討。至於官田和公田，其概念可以通用，但還有稍許的差異：「公田是相對於所有權而言，即凡屬於國家（官府）所有的土地都可稱作公田；官田雖可從所有權上理解，但若從經營分配權考慮，則官田所包含的範圍似乎狹窄一些」。（226頁）作者還分西州的職田、公廨田、軍州屯田、鎮戍營田和驛封田各項，對官田進行了分類探討。本章所說的「還公田」實際包含兩方面的內容，一是籍外田的轉化，另外就是民戶的退田，因為「退田一經成立，所退之土地也就成了還公田。」（283頁）

第五章《西州田制敗壞之諸相》認為，由於人為的弊端，制度的不縝密（如土地的零散就導致了租佃的大量發生），自然環境對人類活動的報復等，是西州田制敗壞的主要原因，「而尤其是安史之亂爆發，政治、軍事格局的變化，使得西州均田制再也不能正常進行下去。」

（288頁）

在民戶土地的還授中，土地糾紛時有發生，而官吏的舞弊行為也常常存在，尤其是作為土地還授最基層、最關鍵的吏員——里正，往往違法而營私舞弊。他們不僅在製作手實、勘察土地時營私舞弊，獲取好處和人情，而且由於不公正，還經常引起民戶之間的土地糾紛。除了里正，西州的城主也有營私現象。

西州田制的敗壞，還與土地租佃甚有關係，而「西州租佃發達的主要原因還是土地分布的零散」（313頁），如果說「貧困戶的出租或承佃土地總與田制下的人多地少有關係」，那麼殷富者為何又主要是承佃土地而不是出租土地呢？作者認為這「又與均田制下的人多地少及殷富者擁有眾多的奴婢等有關係」（315頁）。這種狀況在安史之亂以後發生了變化，因「安西兵力赴中原參戰，西州的丁壯亦應在抽調之列，於是，西州從原先的地少人眾向著勞動力不足的趨勢發展」，（319頁）因此，一些土地也就被拋荒了。而勞動力的不足、土地的荒廢，則是西州均田制敗壞的一個重要原因。

另外，西州田制的敗壞，還與土地的買賣和兼併有關。

著者在談到安史亂後西州勞動力不足時，曾引用《唐大曆三年曹忠敏牒為請免差充子弟事》，並以張國剛《關於唐代團結兵史料的辨析——兼談唐代的子弟與鄉兵》[27]研究為據，認為唐代之「子弟」頗與「團結兵」有關（319頁）。

關於唐代及敦煌吐魯番文書中的「子弟」，孫繼民先生在《〈唐大曆三年曹忠敏牒為請免差充子弟事〉書後》[28]和《敦煌吐魯番所出唐代

27　朱雷主編：《唐代的歷史與社會》，武漢大學出版社 1997 年版。

28　孫繼民：《〈唐大曆三年曹忠敏牒為請免差充子弟事〉書後》，載《敦煌吐魯番研究》
　　第二卷，北京大學出版社 1997 年版。

軍事文書初探》[29]中已有比較詳細的研究，子弟屬於唐代軍隊兵員中的一種，他們的徵發條件是戶殷、力強、丁多。子弟和府兵在政治身分上比較接近，但子弟純由官員子弟和部分勳官所組成。在隸屬關係方面，府兵和子弟的差別又很大：府兵自成體系，以衛統府，是中央直接控制的兵員；而子弟則是州刺史統領的兵員，屬於地方兵的範疇。敦煌文書中就有一些有關子弟的記載，如 P.3805 背《後唐同光三年（925）六月一日宋員進改補充節度押衙牒》有「前子弟、銀青光祿大夫、檢校太子賓客、上柱國宋員進右改補充節度押衙」的記載；P.3290《宋至道二年（996）三月索定遷改補節度押衙牒》中也有「前子弟、銀青光祿大夫、檢校太子賓客索定遷右改補充節度押衙」的記載。

　　至於吐魯番出土文書《唐大曆三年（768）曹忠敏牒為請免差充子弟事》中，曹忠敏由一名殘疾而貧窮的老人變成了一名軍人——子弟，這與子弟徵發的範圍和條件又不相符合，這可能是特殊地區（西州）、特殊時間（安史之亂後，唐軍赴內地平叛，吐蕃乘機進攻西域等地）的特殊情況。

　　第六章《西州田制的普遍意義》，著者首先明確指出：「唐代前期的西州田制，從某種意義上說，是全國田制的一個縮影，或者說，唐代西州田制具有全國性的普遍意義」（348 頁）。然後著者就從田土授受額、式之規定性、授田對象、田土分類、土地還授等各方面對西州田制的普遍意義進行了論述。

　　以上對盧向前先生《唐代西州土地關係述論》的主要內容進行了簡單的評介。以上的評介，實際上已經包含了筆者的意見，也含有筆者與著者的討論。此外，本書還對讀者有許多啟示：

29　孫繼民：《敦煌吐魯番所出唐代軍事文書初探》，第 100-120 頁。

第一，著者將出土文書與傳世文獻緊密結合。雖然「二重證據法」是學界倡導的研究方法，但許多論著往往是流於形式。木書雖以吐魯番文書為主，但對傳世文獻給予了足夠的重視。

第二，著者研究的是唐代西州（吐魯番），但並非就西州談西州，而是走出西州，將西州（吐魯番）納入到整個唐代的歷史中進行考察。正如作者在「前言」中所說：西州雖是「彈丸」之地，但其田制卻與全國田制緊密相連，它是唐帝國在狹鄉推行均田制的一個實例。將西州田制納入到整個均田制的研究範圍，既是對均田制研究的深化，又反映了在廣闊的中國歷史中，存在著普遍性與特殊性、一般與個別、面與點的關係。在史學研究中，既要看到點、看到特殊性和差異，又要關注面、關注普遍性和所具有的共同規律。

第三，著者是歷史學出身，研究的也是歷史問題，但著者卻能充分吸收自然科學界的研究成果，如在研究唐代西州的種植品時，就參考了《大麥栽培》、《作物栽培學》等；在討論粟、禾的種植特點時，曾請教吐魯番市農業技術推廣中心的房應徵農藝師和浙江農業大學的王成棟同學（第 61-62 頁）；在研究西州葡萄園的租佃價時，就參考了《果樹栽培與果品貯藏加工手冊》（第 315 頁），這又是目前很欠缺的，也是值得提倡與表彰的。

（原載《西域研究》2008 年第 1 期）

附錄二：童丕《敦煌的借貸》評介

　　法國學者童丕先生的《敦煌的借貸：中國中古時代的物質生活與社會》一書的漢譯本（余欣、陳建偉譯）已由中華書局作為「法國西域敦煌學名著譯叢」之一於二○○三年二月出版發行。

一

　　該書共二十萬字，除譯者前言、謝和耐教授序和作者導言、結論外，共由四章組成，即第一章「原始資料」、第二章「吐蕃占領時期的糧食借貸」、第三章「十世紀的織物借貸」、第四章「九一十世紀借貸條件的演變」。後面還有附錄：「借貸契約分析圖表」、「借貸契約編號對照一覽表」和「參考文獻」。

　　第一章「原始資料」指出，本書所使用的資料主要有三類：即契約、寺院的便物曆和會計賬簿。就這類資料來說，雖依據於池田溫、山本達郎編《敦煌吐魯番社會經濟資料》第三卷《契約》和唐耕耦、

陸宏基編《敦煌社會經濟文獻真跡釋錄》，但已超出了以上兩書和沙知編《敦煌契約文獻輯校》所收的內容，而且其研究，並不僅僅限於這些主要的資料，而是還包括私人書信、行政、法律文書及牒狀等間接的、零星的資料。正如作者所說：「即不是根據事先選擇的資料來研究借貸，與此相反，我們努力收集所有契約的所有信息，以組成一個資料滙編，進行分類和闡述，以便讀者理解。」（《敦煌的借貸》第 2-3 頁，以下凡引用本書只注明頁碼）

　　第二章「吐蕃占領時期的糧食借貸」，首先比較詳細研究了北圖咸字 59 號、S.1475 號和 P.3422 號寫本。因為這三個寫本不僅內容豐富，而且年代特別相近，北圖咸字 59 號寫於西元八三二至八三八年，S.1475 和 P.3422 更是同一年，即八二三年。其次對借貸契約所展示的敦煌農業生活，尤其是麥（小麥和大麥）、粟、豆、青麥、糜、黃麻這類糧食作物的播種、收穫等進行了比較詳細的介紹。並對糧食借貸中的債權人、借貸者、借貸的原因、保人和證人進行了分析探討。

　　第三章「十世紀的織物借貸」指出，吐蕃時期的糧食借貸，反映的是小農經濟的特徵——春借秋還，而十世紀的織物借貸，則並不是為了穿衣，而是因旅行而借貸。作為借貸標的的織物有毡、麻布、棉布以及絲織品。並分絹帛、麻布、毛紡織品和棉布四項，比較詳細地介紹了其質地、生產、價格及其與中西文化交流、社會生活的關係。

　　第四章「九—十世紀借貸條件的演變」，從糧食借貸和織物借貸兩個方面入手，對借貸的成本、到期無力償還的條款、事實擔保、債務的免除等問題作了細緻探討。

　　綜觀全書，給我們提供啟示之處甚多，現就本人閱讀中的一些感想敘述如下：

　　1. 長時段的考察，比較史學的研究方法

　　我們這一代學人，由於所受教育的侷限，絕大多數都是知識面比較窄，只耕耘在自己的一塊小天地裡，不要說文史哲的融會貫通，就是在史學領域，也有中國史與世界史、古代史與近現代史的壁壘分界。在中國古代史中，還有秦漢史與隋唐史、明清史等斷代史的劃分。這雖然是不得已而為之，但無疑限制了我們的學術視野。正如張廣達先生所說：「歷史學的研究趨勢是，就個人研究的操作可行性而言，勢須把整體切成條條或塊塊，揀選其中之一條或一塊，作為自己的領域或課題。然而，就學科的總體而言，歷史學又要求研究者盡量擴大視野，涵蓋歷史學理應包括的各個領域，從多角度、多層次、多方面考察歷史的傳承與變革，避免偏頗，以求全面。今天從事史學研究的人，沒有一個人不是從自己的研究領域的一角出發，力圖把握歷史的整體性與全面性。在當代，人們皆在以有限的精力追求無涯的學術，以致於每一個人都陷入了以個人有限的精力與學科的客觀要求相較量的高度張力網中。在法國，人們提倡長時段的考察，多學科的訓練，新方法、新思路的探求，新領域、新對象的開拓。在美國，在盛行區域研究、社群研究、階層研究的同時，又鼓勵人們參照各種社會科學的啟示而在史學研究中提出花樣不斷翻新的新觀念、新模式、新範疇、新規範，並且開始注意共時性的橫向研究中歷時性的縱貫。然而，達到這樣的要求談何容易。」[1]

　　而童丕教授的這本著作，則正好體現了「長時段的考察，多學科的訓練，新方法、新思路的探求，新領域、新對象的開拓。」如談到契約的內容和結構時，不僅與元明清時期，而且還與二十世紀二三十年

---

[1]　張廣達：《我和隋唐、中亞史研究》，載張世林編《學林春秋》三編上冊，朝華出版社 1999 年版，第 67 頁。又見張廣達：《史家、史學與現代學術》，廣西師範大學出版社 2008 年版，第 319-334 頁。

代的契約相連繫；談到「契」字的發展變化時，不僅與簡牘、《説文》、吐魯番文書中的「券」相連繫，而且還與馬可・波羅的記載、清代文人袁枚所記黎族人的土地買賣相連繫；談到敦煌的糧食時，也與三世紀樓蘭的「黑粟」相連繫；談到敦煌麥、粟的播種時節時，引用《齊民要術》中關於粟的播種描述予以説明；認為敦煌的「團保」不僅是北宋王安石變法建立保甲制度的原型，而且「通過負連帶責任的團體組織來控制人民是中國官僚喜歡的方式」，（第 72 頁）直到二十世紀三〇年代保甲體系還在發揮作用。

這種「長時段的考察」，正是著者學術視野寬闊的體現，它不僅給人以全新的感覺，而且對我們的研究、寫作也有一定的啟發和示範。

本書的另一特色，就是大量使用對比的研究方法，上述舉例已有説明。余欣在「譯者前言」中也已指出，故不再贅述。

童丕教授取得這樣的成果，並不是偶然的，而是其學術經歷豐富、治學範圍寬闊的必然體現。據「譯者前言」記載：童丕教授早年在國立東方語言學院學習漢語和越南語，後入巴黎大學（索邦）研究歐洲中世紀史；一九七三至一九七四年，曾在香港中文大學新亞研究所留學；一九七七年，以一九二〇至一九三〇年中國的典當業為題，在巴黎第七大學獲得博士學位；隨後進入法國國立科研中心從事敦煌寫本的研究。

本書出版於一九九五年，在本書完成出版過程中和出版後，作者又發表了一批與本書內容相關的論著，如《十世紀敦煌的借貸人》[2]、《從寺院的帳簿看敦煌二月八日節》[3]、《庫車出土漢文文書》、《酒與

2　漢譯文見《法國漢學》第三輯，清華大學出版社 1998 年版，第 60-128 頁。

3　漢譯文見《法國漢學》第五輯，中華書局 2000 年版，第 58-106 頁。

佛教──八至十世紀敦煌寺院的酒類消費》、《六至十世紀中亞的棉花沿絲綢之路由西向東傳播的軌跡》、《十二世紀中國的磨》、《餅狀的紅花──古代中國的一種染料植物》、《絲綢之路上的紡織業和織物──產地與交換的地理因素》等。

2. 引人入勝的新見解

一般情況下，人們都願意將自己所從事的職業看得很神聖、偉大，或特別的重要，對於絕大多數敦煌學研究者來說，也自然有這種傾向。這既有好的一面，也有一定的侷限性。從歷史學的角度來說，敦煌文書與正史、別史一樣，只是歷史研究的資料，我們在研究唐代歷史的時候，應將它與《資治通鑑》、兩《唐書》及碑刻墓誌等材料一樣對待。但實際上，我們會有意或無意地誇大其價值，從而會產生偏見，甚或導致文書研究者和唐史研究者的分離。

童丕教授在本書「導言」中指出：敦煌文書「這種特別的和有限的資料來源永遠也不應被忘記，尤其是當人們研究世俗社會和經濟時。在這些問題上，敦煌寶藏如同一面扭曲的鏡子。」如「本書將利用的兩份最重要的資料（S.1475 寫本和咸 59 寫本），並非是作為經濟活動的重要憑據──契約而保存下來的，而是因為正面是佛經就被僧人們所保存。「扭曲的鏡子的另一個結果是：不僅是經濟方面的資料數量很少，而且大部分資料只與一個地方有關，即佛寺。」「敦煌所提供的關於當時社會狀況的圖景是不全面的」。在第二章中亦說：「敦煌寶藏從整體上說，是來自寺院圖書館，或者說藏經洞。因而所反映的世俗特徵很不明顯。這與吐魯番文書的情況不一樣。」（第 60 頁）

正是由於對敦煌資料的正確認識和理性分析，童丕教授並不是就敦煌而談敦煌，而是將敦煌文書與其他史籍文獻有機地結合在一起，將其置於中國歷史文化的總體背景之下，進行長時段、大範圍的考

察。以「敦煌的借貸」為切入點，進而探討「中國中古時代的物質生活與社會」，從而提出了一些發人深思的新論。

第一，作者在對八至十世紀借貸契約分類考察的基礎上，又結合其他文書對比研究後指出：八至九世紀糧食借貸占優勢，反映了自然經濟和自給自足狀態。十世紀織物借貸的發展顯示了商業交往的恢復。此時的織物，並不是一種商品，而是作為支付的手段。這些織物借貸是真正的投資，它表明了對外部世界新的開放姿態以及商品經濟的復興。

這種長時段的綜合、分類的考察、研究方法，不僅給我們以啟示，而且其結論也非常值得我們重視。

第二，棉布之路的提出。關於敦煌的棉花種植，是學術界一直關注的一大問題。童丕教授曾有《六至十世紀中亞的棉花沿絲綢之路由西向東傳播的軌跡》一文，但遺憾的是我還未能拜讀。據本書謝和耐先生「序」說：「我們尤其要指出的是……正如童丕先生所言，古老的絲綢之路，也可以說是棉花之路。」這一論點，可以說是童丕先生的得意之論，在本書第三章《十世紀的織物借貸》中進行了重點研究。

在沙比提、王仲犖先生研究的基礎上，童丕先生廣泛利用文獻、文書、考古發現和國外資料，並吸收中外學者的研究成果，對棉花的傳入、種植、質地等進行了詳細探討。「在帝國的西部邊陲和中亞地區，棉布經歷了完全不同的歷史，它要古老得多，並且與它傳入中原沒有直接的連繫。原因很簡單，傳入中國的是兩類不同的棉……西部的是一種草木，源於阿拉伯及非洲地區，自中亞由陸路傳入。東部和南部的，是一種印度品種，稱為木棉，從南海傳入。」（第106頁）

　　童丕先生還利用沙比提提供的材料[4]和伯希和的研究成果，指出「棉布之路的歷史，比絲綢之路要更古老」。（第107頁）

　　棉布之路或曰棉花之路的提出，為中西文化交流的研究提供了有益的啟示，很值得我們重視，並應給予積極地回應與探討，以期將這一問題的研究引向深入。

　　本書的注釋和附錄也值得我們學習。我們有些學者的論著洋洋灑灑幾萬字，或幾十萬字，但注釋卻很少，似乎都是自己的新論。實際上，學術論著的注解，既是學術規範的起碼要求，也是對前人學術成果的尊重。詳細的注解，並不能削弱該論著的學術價值，反而更使人看重它。

　　《敦煌的借貸》一書的注釋很多，如第一章正文十七頁，注釋四十條；第二章正文六十頁，注釋一四五條；第三章正文二十四頁，注釋八十條；第四章正文四十六頁，注釋一三六條。而且有些注釋很長，多達四五百字。此外一兩百、兩三百字的注釋較多。

　　另外，該書的附錄更是詳細完備。全書正文加注釋共一八六頁，而附錄就有九十四頁。為讀者提供了極大的方便，這都是需要國內學者的論著學習的。

　　順便提及，本書的著者是法國著名的敦煌學家；主譯者則是敦煌學研究隊伍中的後起之秀，發表過數篇有較高水準的學術論文；責任編輯亦是敦煌學界熟知的專家，這就保證了該書翻譯、出版的質量。我想到，可與本書的翻譯、出版相媲美的是〔俄〕丘古耶夫斯基著、王克孝譯、蔣維崧編輯、上海古籍出版社出版的《敦煌漢文文書》，其

4　詳見沙比提：《從考古發掘資料看新疆古代的棉花種植和紡織》，載《文物》1973年第10期。

著者、譯者和編者也都是敦煌學領域的專家學者。學界師友嘗言：在全國眾多的出版社中，只有中華和上古是既出書又出人，他們的一些編輯，不僅是出版家，而且還都是某一領域的專家。由這些學者兼出版家編輯的圖書，其質量顯然更能保證。目前由於出版社走向市場，愈來愈要求編輯的市場意識，而編輯的學者化則愈來愈淡薄，不知這是幸還是不幸？我曾在一篇讀書筆記中說：「隨著我們的上一代、上兩代學人的離世退休，不僅僅使我們失去了學業上的老師，更重要的，使我們失去了精神上的導師。使我們在為人、治學，做人、做事上缺少了楷模。」不知出版界中這批學者型的編輯退休後，後繼者是否還能像他們一樣執著？

二

　　智者千慮，或有一失。每一本優秀的論著，在提出新論點時，由於是走前人未走之路，可能會有這樣那樣的問題，現就閱讀中筆者有不同看法者提出，請教於童丕先生和讀者。當然，這些不同的看法，也不一定完全正確。就是正確的部分，也絕不能顯現出筆者比童丕先生高明，只不過側重點略有不同罷了。

　　1. 第一四六頁在談到債務人無力償還債務，債權人可「掣奪家資」時提出：「由於沒有明確的原因，我們可以猜測存在著一個與剝奪土地過程相關的結果：在敦煌，土地的壟斷者至少掌握著一支軍隊。」這顯然是不符合實際的。

　　第一四八頁在研究賠償中的個人擔保時，將「若身東西不在，仰保人……」翻譯為「不管債務人身處東或西（逃脫），都可以要求擔保

人……」。並在注釋中説：「在這裡，並不是債務人無力償還的問題，而是他逃脱債務。」似乎不大準確。

吐蕃時期的敦煌文書中，「若身東西不在」出現的次數較多，如伯希和敦煌藏文寫卷 1297 號《子年二月二十三日孫清便粟契》曰：「若身有東西不在，及依限不辦填還，一仰保人等，依時限還足」；S.1475 背《酉年曹茂晟便豆契》曰：「如身東西不在，一仰保人代還」；P.3458《辛酉年羅賢信貸生絹契》曰：「若身東西不善者，一仰口承弟兵馬使羅恒恒祗當」。

這裡的「東西」應指死亡，因「東西」一詞既有逃亡之義，也有死亡之義。這裡的「若身東西不在」應作死亡義解。[5]

2. 在本書的「結論」部分（第 186 頁）説：當十一世紀初敦煌藏經洞封閉時，「宋朝正處於社會和經濟的多變之秋，換言之，就是由於敦煌落後於中國的核心地區，這些變革才並沒有觸及敦煌。」實際情況可能不是如此。

眾所周知，晚唐五代宋初，正是中國歷史的大變革時期，即世稱的「唐宋變革」。但由於晚唐五代史料記載的欠缺，使我們對唐宋之際社會變遷的探討還不夠全面和深入。而正是這一階段的敦煌文書卻給我們提供了許多啟示，並由此得出了與童丕教授完全相反的結論：即這一階段，地處西北邊陲的敦煌，不僅沒有落後於中國的核心地區，反而還走在了前列。如歸義軍時期敦煌完全據地徵税，「這或許標誌著在敦煌，由資產税向土地税的過渡較之內地要稍早，即已搶先一步完成了內地在宋代才完成的過程。」[6]另外，據學者們研究，宋代「鄉作

5　參閱江藍生、曹廣順：《唐五代語言詞典》，上海教育出版社 1997 年版，第 98 頁。

6　〔日〕堀敏一：《中唐以後敦煌地區的税制》，漢譯文載《敦煌研究》2000 年第三期。

為單一財稅區劃的出現，是唐宋之際社會經濟轉型期重構鄉村基層組織的產物。」[7]而我們通過歸義軍時期賦稅制的探討，指出賦稅主要以鄉為單位徵收，這已經走在了中國核心地區的前列，「這對我們探討唐宋基層政權的變革具有重要的啟發。」[8]

在探討晚唐五代土地的對換時，我們曾指出：唐宋歷史的變革，在土地制度上的反映，歸義軍時期土地的自由對換，提供了絕好的材料。或者說，晚唐五代時期的敦煌，由於特殊的歷史條件和環境，已提前完成了唐宋歷史的變革。[9]

3. 棉布之路的提出給我們以很大的啟發，但在研究棉布之路和棉花的種植時，一些具體的論點我們還有不同的看法。如「西州的主要紡織產品既不是絲織品，也不是麻，而是棉布」，（108頁）實際情況可能並非如此。通過對古代新疆棉花種植的考察，筆者認為，唐代新疆地區，尤其是西州，棉的種植是毋庸置疑的，但對新疆地區棉花的種植還不能過分誇大，因文獻史籍中除《梁書》的記載外，其他基本上沒有（後來的記載基本上都來源於《梁書》）。

經過對新疆地區，尤其是吐魯番墓葬發掘報告的分析，可以看出當地出土絲、麻織品很多，而棉布卻很少。根據這一奇特情況，再結合有關文獻記載，我們可以說，從魏晉南北朝時期開始，印度的棉花種植技術已傳播到了新疆地區。但不可諱言，除了吐魯番外，新疆其他地區棉花的種植是極其有限的，棉布的使用也很少，當時主要還是

7　參閱王棣：《宋代鄉里兩級制度質疑》，載《歷史研究》1999年第四期。

8　詳見劉進寶：《敦煌歸義軍賦稅制的特點》，載《南京師大學報》2003年第四期。

9　參閱劉進寶：《晚唐五代土地私有化的另一標誌──土地對換（以P.3394號文書為主）》，載《中國經濟史研究》2004年第3期。

以絲、麻織品為主。[10]

另外，作者在談到敦煌的棉花或棉布時，也與國內外其他學者一樣，並沒有找到敦煌棉花種植的第一手資料，而是將「㲲」（簡稱為「紲」）等同於棉花。「㲲」當然有棉花或棉布的含義，但還有另一含義，即毛布。敦煌文書中的「㲲」主要是指毛布。關於此，我們已作了初步探討。[11]

作者還根據 P.3236、P.4525 和 Д.1405+1406《官布籍》中關於每二五〇畝或三百畝地納「官布」一匹的記載指出：「在敦煌，官布主要用於支付地稅……這種稅的支付方式表明當地主要紡織產品是麻，而不是絲織品。」[12]即是說，「官布」的質地是麻布。筆者在《從敦煌文書談晚唐五代的「布」》[13]中也曾持這種看法。後來鄭炳林先生反覆論證，「官布」的質地並不是麻布，而是棉布。[14]現在，筆者通過對有關文書的考察認為，「官布」的質地可能既不是麻，也不是棉布，而有可能是毛布。

此書的出版可以算得上精品，但仍有個別校對方面的小問題，如「導言」第 17 頁第 6 行「物質生各個方面」少一「活」字；正文第 30 頁倒數第 6 行「賣主因缺少食糧和種子惡而售出耕牛」似乎多了一「惡」字；第 34 頁第 14 行「1996，第 235-252 頁」應為「1966」；第 39

---

10 詳見劉進寶：《不能對古代新疆地區棉花種植估計過高》，載《中國邊疆史地研究》2005 年第 4 期。

11 詳見劉進寶：《唐五代敦煌棉花種植研究——兼論棉花從西域傳入內地的問題》，載《歷史研究》2004 年第 6 期。

12 〔法〕童丕：《敦煌的借貸：中國中古時代的物質生活與社會》，第 104 頁。

13 劉進寶：《從敦煌文書談晚唐五代的「布」》，載《段文傑敦煌研究五十年紀念文集》。

14 參閱鄭炳林、楊富學：《敦煌西域出土回鶻文文獻所載 qunbu 與漢文文獻所見官布研究》，載《敦煌學輯刊》1997 年第 2 期；鄭炳林：《晚唐五代敦煌地區種植棉花研究》，載《中國史研究》1999 年第 3 期。

頁第 8 行「在吐魯的一件租佃契上」缺了一「番」字；第 62 頁第 12 行「葉蕃時期」的「葉」應為「吐」；第 78-79 頁 S..1475 和 S..5820 都多了一「.」；第 278 頁第 1 行「闐回鶻」少了一「於」字。

　　另外，該書的注釋很多，不知是為了排版的方便還是其他原因，都將注釋放在每章後面，使讀者查閱很不方便，若改為頁下注，豈不更好！

（原載《敦煌吐魯番研究》第 7 卷，中華書局 2004 年版）

我所了解的朱雷先生點滴

如果從一九八三年與朱雷先生第一次見面算起，已經三十三年了。就是從一九九七年正式跟先生學習算起，也快二十年了。

從一九九七年進入師門到畢業離校，不論是在西北師範大學，還是後來的南京師範大學、浙江大學，我都與先生有比較多的接觸和密切的連繫，也對先生有了更多的了解。

一、從相識到成為先生的博士生

我最早見到朱雷先生，是一九八三年八月在蘭州召開的中國敦煌吐魯番學會成立大會上。當時，武漢大學的參會陣容很強大，由唐長孺教授帶領朱雷、陳國燦、盧開萬、程喜霖先生參加，其中唐長孺和朱雷先生還是當時給中央領導同仁寫信的二十二位專家中的兩位。我當年七月在西北師大歷史系畢業，留在了剛成立的西北師大敦煌學研究所，而西北師大是會議的主辦單位之一，我便被派在會務從事接待工作。當時的我不善於溝通連繫和交談，對朱雷先生也只是仰望，可能沒有單獨說過一句話。

一九八六年，國務院學位委員會公佈了第三批博士生導師名單，其中就有武漢大學的朱雷先生，這在當年可是轟動學術界的重大新聞。因為前三批中國古代史的博士生導師全國只有三十七位，除了中國社會科學院的八位（王毓銓、楊向奎、胡厚宣、蔡美彪、瞿同祖、田昌五、楊希枚、林甘泉）外，北京大學最多，共有鄧廣銘、周一良、田餘慶、張廣達、許大齡五位，南開大學有三位（鄭天挺、王玉哲、楊志玖），廈門大學也有三位（傅家麟[1]、韓國磐、楊國楨），其他高校都只有一兩位，如武漢大學的唐長孺、朱雷，北京師範大學的何茲全、趙光賢，四川大學的徐中舒、繆鉞，南京大學的韓儒林、陳得芝，中國人民大學的戴逸、王思治，吉林大學的金景芳，復旦大學的楊寬，華東師範大學的吳澤，山東大學的王仲犖，河北大學的漆俠，北京師範學院的寧可，杭州大學的徐規，東北師範大學的李洵，都是大名鼎鼎、在學界頗有聲望的學者。朱雷先生能列其中，就說明了他在史學界的影響和地位，他的學術貢獻已得到了學界與國家的認可。尤其難得的是，在前三批博士生導師中，人文學科的導師年齡都偏大，據我所知，在五十歲以下者只有三位，除了朱雷先生外，還有楊國楨先生和杭州大學的郭在貽先生（漢語史專業）。

在當時的學術界，尤其是高校歷史系，談到以上學者，或與以上學者有一定的連繫或交往，那是莫大的榮幸。由於特殊的機緣，在大學學習階段，我就聆聽了寧可、田昌五先生的學術講座，在一九八三年的中國敦煌吐魯番學會成立大會上，又見到了唐長孺、張廣達、朱雷先生。

一九九二年初，我將剛出版的拙作《敦煌學述論》寄朱雷先生一

1　傅家麟，即傅衣凌，國務院學位委員會公佈博士生導師名單時使用「傅家麟」。

本，很快就收到了朱先生鼓勵有加的回信。但由於朱先生在我心目中的地位實在太高大了，也就不敢多打擾，也未繼續連繫。

　　一九九四年，在敦煌參加國際學術研討會時，與朱先生有了較多的接觸，才感覺到朱先生非常和藹可親，沒有架子。在敦煌研究院的會議室門口，我還與朱先生、新疆博物館的吳震先生合影留念。會議期間，朱先生與我們年輕人聊天，非常融洽愉快。中間某一天，我的一位朋友對我說：朱先生向他打聽我是在哪裡讀的博士？他回答說：劉進寶沒有讀博士，只是碩士畢業。當天晚上，朱先生來我房間聊天中說到，明年要在武漢大學舉辦中國唐史學會年會，你可以來參加，我們給你發邀請。臨走時還說：你可以考慮讀讀博士。

　　敦煌的會議結束後，朱先生又到了蘭州，與甘肅高校、文博單位的有關學者進行了學術交流。由於當時正在蘭州舉辦首屆絲綢之路藝術節，而蘭州到武漢的火車每天只有一趟，想買軟臥車票是非常困難的。我通過西北師大專家樓的售票人員，幫朱先生買到了蘭州到武漢的軟臥票。我送朱先生到車站，朱先生上車後又專門下來對我說：你如果要考博士，我願意招你。

　　一九九五年八月在武漢大學參加唐史會議前後，與朱先生有了較多的接觸，也更加了解了朱先生的平易近人。會後我在武漢大學又多住了兩天，朱先生請我們吃飯，還考慮到會後我的住宿費可能不好報銷，曾想讓我住在他的博士生楊洪權的宿舍。

　　一九九六年四到五月間，我收到了武漢大學歷史系友人的信，說武漢大學的博士招生報名已經結束，經查詢，我沒有報名。因為我是學俄語的，以前中國古代史招生中的外語沒有俄語，朱先生專門請學校增加了俄語。我如果報考，現在趕快準備材料，辦理補報手續。由於各方面的因素，一九九六年我未能報考博士。但與朱先生的連繫則

比較頻繁和密切了。

　　一九九七年博士招生報名開始後，我曾想報考朱先生的博士，但還是未能如願。只好報名隨朱先生做高級訪問學者。

　　一九九七年九月到武漢大學，安排好住宿等後，當天晚上就去朱先生家拜訪。聊天后朱先生送我回到宿舍，他看了住宿條件後說：條件還不錯，可以在這裡好好讀書。

　　在武漢大學做高級訪問學者時，我與朱先生又談到了讀博士的問題。朱先生讓我一邊看書一邊準備博士考試，其他的都不要考慮了。

　　一九九八年我參加了武漢大學的博士生入學考試，幸運的是都過關了。當年的外語成績線是五十分，我考了五十一分，剛好過線，沒有讓朱先生為難，這一點我也很欣慰。

二、先生對西北的關心和幫助

　　由於朱先生的研究重心是吐魯番和敦煌文書，曾陪同唐先生在新疆整理吐魯番文書，又多次赴西北考察，與新疆、甘肅的文博單位、高校都建立了比較密切友好的關係，也特別關心、支持西北的歷史、文博工作。如我考取武漢大學的博士研究生後，由於學校要求不轉人事關係，在職攻讀學位。按照武漢大學的要求，在職攻讀一般是委託培養，即要繳委培費。朱先生充分考慮到西北的經濟狀況，便找武漢大學相關部門將我錄取為定向培養。按照國家的政策，定向培養只繳幾千元的定向費，朱先生便讓我從母校——西北師範大學開了證明，即西北欠發達地區經濟落後，希望減免定向費。正是由於朱先生的多次交涉和努力，武漢大學未收西北師範大學一分錢的定向費，這在當時不能說是絕無僅有，但肯定是非常罕見的。

　　在武漢大學讀博期間的二〇〇〇年，我西北師範大學的一位同事報考了武漢大學世界史的博士。由於該同仁的一門成績未過線，按照

規定是不能錄取的。我們就到朱先生家裡向先生説了此事，並希望先生幫忙。朱先生聽了我們的敘述後説：西北的教育相對落後，目前甘肅省還沒有一個世界史的博士點，世界史人才更是缺少，當地不能培養。由於經濟欠發達，其他地區的博士畢業生又不願意去甘肅工作。現在中央開發大西北，我們無法從經濟上支持，也不能派人去，但我們可以幫助培養，這也算是為開發大西北做的貢獻。並説：我以這個理由去找研究生院，如果研究生院不同意，我就直接去找校長。為了儘快解決問題，先生沒有耽擱，與我們一同下樓，直接去研究生院了。

　　大約半個小時後，先生從研究生院出來了，他説：問題解決了，已經同意破格錄取。可見先生對西北的感情是很真切的。

　　在我開始讀博士時，武漢大學歷史學院的領導曾給朱老師説：爭取在劉進寶畢業前，讓其與西北師大脱離關係，將關係轉過來，等畢業時就留下來，朱老師當時是答應的。在我畢業前夕，有幾位老師給我説：他們建議將我留下來，但不知朱老師是怎麼想的，就是不表態。二〇〇九年在一次會議上，我見到了武漢大學哲學專業的郭齊勇教授，郭教授與我聊天時曾説：你畢業前夕有人給我説要將你留下來，學院也同意，怎麼後來就沒有消息了。（在二〇〇〇年八月武漢大學、武漢測繪科技大學、武漢水利電力大學、湖北醫科大學四校合併成立新的武漢大學時，原武漢大學文學院、歷史學院、哲學學院合併成立了人文學院，郭齊勇先生任人文學院院長）。

　　實際上我心裡很清楚，朱老師從內心來説想將我留在身邊，但他的理念又不允許，即西北落後，我們不能挖西北的人才，因此他是鼓勵、支持我回西北工作的。

　　在我畢業前夕，曾有北京、上海的單位與我連繫，我將情況告訴先生後，先生説：西北落後，缺人才，你應該回原單位去。正是由於

朱老師的堅持或者說是固執，我二〇〇一年六月博士畢業後就回到了
西北師範大學。

　　也正是由於朱老師的態度，我後來離開西北師大到南京師大工作
時，就沒有告訴先生，怕他反對。等我辦好所有手續到南京師大上班
後才將信息告訴了朱老師。這時候生米已經煮成了熟飯，先生就不會
明確反對了，但我知道先生的內心是不滿意的，他認為我不應該離開
西北。

　　另外，據我所知，先生對甘肅的學術文化是儘可能大力支持的，
在教育部、國家社科基金的評審中，同樣條件下盡量為西北，尤其是
新疆、甘肅的單位爭取。如當年課題的平均經費是二萬元，但主審專
家可以提出上下浮動的建議，朱老師常常就會建議條件比較好的北
京、上海等地的項目為一點五萬元，而以西北地區經濟落後，交通不
便，查閱資料所需要的經費較多為理由，建議將西北地區的項目經費
增加為二點五萬元。

　　作為國務院學科評議組專家，朱老師在博士點、碩士點的評審
中，同樣條件下也盡量關照西北地區，給予儘可能多的支持。

三、先生做人的風格

　　據我的觀察和了解，先生對越親近的人要求越嚴。我親身經歷的
是中國唐史學會理事的選舉。我的碩士生導師金寶祥先生是著名的唐
史專家，也是首屆中國唐史學會理事。此前，由於金先生年事已高不
再擔任理事而轉為顧問，在一九九八年學會換屆時，西北師大沒有理
事。學會秘書處徵求了金寶祥先生的意見，金先生推薦了我。當時的
唐史學會秘書長、陝西師範大學的馬馳教授將此情況告訴了我，並將
我列入了理事候選名單。

　　前已述及，一九九八年我考上了朱雷先生的博士生，一九九八年

十月我是從武漢赴西安參加唐史學會的，並且是與朱先生一起去的。因為當時的唐史學會會長是廈門大學的鄭學檬教授，朱先生是副會長，並且已經決定由朱先生擔任下屆會長，因此，鄭學檬先生、朱雷先生都是提前一天到會。我由於陪同先生，也是提前到會，馬馳先生來車站接我們，並將我和先生安排在同一房間。

晚上鄭先生、朱先生、馬先生等學會領導碰頭，其中之一就是增補理事問題。朱先生回來後對我說：雖然金先生推薦了你，西北師大也沒有理事，但你的理事我不同意，建議你這次不要上，下次再上。我給他們（指鄭學檬、馬馳先生等）說了，你的工作由我來做。因為我要當會長，而你又是我的博士生，這樣不好。西北師大的這個名額空下來，等下次你畢業了再上。

作為學生，再加上我對此類事本來就不是很上心，就愉快地接受了朱先生的建議。

二○○一年八月在山東青島召開唐史學會，又涉及了理事會的改選。前已說過，先生對西北的感情很深，也非常關注西北的發展，因為他知道我雖然還在蘭州，但已有離開西北師大的打算，所以作為新一屆唐史學會會長的朱先生，仍然不讓我擔任理事，占西北師大的名額。

另外，在評項目、評職稱方面，朱先生也一直是對最親近的人反而要求最嚴，最後常常卡的是身邊人、自己人，從而也使部分人誤會、疏遠，甚至還得罪了一些人。朱先生就是這樣的性格，他絕對不是有意要卡哪一位！但誰又能理解呢！我曾經在心中也有過怨言啊！

另如先生從來沒有給自己學生的書寫過序言，我的《唐宋之際歸義軍經濟史研究》是在博士學位論文的基礎上增補而成的，而博士題目是朱先生定的，又是朱先生指導完成的博士論文。但當準備出版

時，我請朱先生寫序言，朱先生仍然是斷然拒絕，其理由是：你是我
的學生，有些好話我不能說，我說了沒有權威性，也缺乏可信度。應
該請別人寫序言。

雖然如此，我知道朱先生對我的書還是很關注的，當他得知中國
社會科學院榮譽學部委員、著名漢唐史專家張澤咸先生在《書品》發
表專文，對《唐宋之際歸義軍經濟史研究》有較高評價時，他很高興，
並讓我複印幾份寄他。他要讓別人知道，他的學生的著作還是不錯
的，得到了全國著名學者的好評。

另如先生從不給自己學生的著作寫序言，更不要說寫書評推薦
了。但對不是學生的求學者又是無私地幫助，如目前在西南民族大學
工作的王啟濤兄，當其編著《吐魯番出土文獻詞典》時，朱先生不僅
幫助審稿，而且還撰寫序言，並在《光明日報》發文推薦。

先生待人寬厚，但對學術非常真誠，對於學術作假、抄襲等也是
毫不留情。不論是在職稱評審，還是在評獎或社科基金評審中，都是
實事求是，堅持原則，不怕得罪人的。

四、先生的人格魅力

按今天的話來說，先生是根紅苗正，既是革命後代，又是世家子
弟。正是因為先生歷史清白，又是革命後代，所以做起事來就少有顧
忌。如先生在武漢大學歷史系讀書時，就閱讀了朱芳圃的《甲骨學商
事篇》、楊樹達的《積微居小學述林》、唐長孺的《魏晉南北朝史論叢》
等論著。當一九五八年秋開始「教育革命」，先生任班長，以為可以在
課程設置、講授內容及方法上做些改革。在討論中有些沒讀什麼書的
人，說要批倒批臭王國維、陳寅恪、唐長孺，先生忍不住說：我沒有
你們那樣大的志向，如果一輩子能讀懂他們的著作，我就心滿意足
了。當然還有更多其他的不合時宜的觀點，這樣先生就成了「大白旗」

被批判了。專用的大批判教室內，宿舍周邊牆上貼滿了批判的大、小字報，最後班長也被罷了。[2]

與先生接觸，感觸最深的是先生從不背後議論別人的不是或不足。當我們偶爾談到某些單位或人的不足後，先生都是制止，並馬上說出這些單位或人的長處及貢獻。對先生他們那一代人來說，經過「文革」及一系列運動的風風雨雨後，肯定會留下了一些陰影，也會有一些誤解、不滿甚至矛盾。我也聽有人說過先生的不是，但先生從來沒有說過別人，最多只是沉默罷了。我在《段文傑與敦煌研究院》[3]一文中曾寫道：「『內心無私天地寬』，『從不背後議論人』，正是段文傑先生高尚人格的真實寫照。俗話說：來說是非者必是是非人。人心自有公道，人心自有公理」。不背後說別人的壞話或不是，正是先生品格高貴、光明磊落的人生寫照。段文傑先生如此，朱雷先生也是如此。

先生這種高貴的品格，對我們有著潛移默化的深刻影響。我也時刻以先生為榜樣，並非常欣賞哲學家楊耕教授的處世風格：「我不太在乎別人對我的議論、評價。如果別人說的的確是我的缺點，我努力改正就是了；如果別人說的不是我的缺點甚至是『惡毒攻擊』時，我也不在乎，因為這不是我的過錯。」「所以，當我被別人誤解時，一般不去解釋，因為對明白人，你不解釋他也明白；而對不明白的人，你越解釋他越不明白。在我看來，隨著時間的推移，塵埃會落定，而『公道自在人心』。」[4]

我一九九七年到武漢大學跟先生做訪問學者時，年齡相對比較

---

2 參閱朱雷：《從「走近」到「走進」──敦煌吐魯番文書的追求歷程》，載《浙江學者絲路敦煌學術書系·朱雷卷》前言，浙江大學出版社 2016 年版。

3 載《敦煌研究》2014 年第 3 期。

4 桂琳：《楊耕：與哲學連成一體》，載《中華讀書報》2010 年 3 月 31 日。

大，並已經評上教授了，隨後繼續讀博士，先生自然對我要求相對寬鬆一些。當在先生家或其他場合遇見有關學者介紹時，先生都是說這是西北師大的劉進寶教授，我會立即更正說：我是先生的學生，正在跟先生讀博士。先生馬上就會說：人家是帶藝拜師。即先生一直將我作為同行學者看待。

先生是浙江海鹽人，出生在上海，學習、生活、工作在武漢，既具有知識分子的正氣和骨氣，又具有江南人的細膩和委婉。而我生長在甘肅，並長期在甘肅學習、生活，具有的是西北人的粗疏和直率。

先生從一九七四年開始跟隨唐長孺先生整理吐魯番文書，一直到一九八六年一月底結束整理工作，期間還一直幫唐先生料理生活，可以說將最美好的年華都獻給了吐魯番文書的整理。尤其是十卷本的《吐魯番出土文書》，傾注了先生大量的心血，也是國內外對吐魯番文書最熟悉的專家之一。但當先生的《敦煌吐魯番文書論叢》交出版社發排後，需要一張照片放在前面，先生找到了一張與本書內容相關的照片，即一九七六年唐山地震不久在北京整理吐魯番文書時與唐長孺先生的合影。當我離開武漢剛到蘭州，還沒有來得及將照片交給出版社時，卻接到了先生的電話，不讓書前放他與唐先生的合影，別人會以為他是拉大旗做虎皮，並讓我將照片還回。我只好照辦了，現在想起還是比較遺憾。

二〇〇〇年下半年，當我的博士論文初稿完成，先生看過後說：你論文中的一個詞，吐魯番文書出現過，你應該看看。我早已購買了十冊全套的《吐魯番出土文書》，也基本上全部讀過，但對該詞沒有印象，就問先生在哪一冊，先生說：那我記不得了，你自己從頭看肯定能找到。沒辦法，我就將十本《吐魯番出土文書》認真看了一遍，還是沒有發現。我想可能是自己不認真仔細，就又非常認真地將十本文

書從頭到尾再看了一遍，還是沒有。這樣我就很自信地去告訴先生，《吐魯番出土文書》中沒有這個詞。先生笑笑說：那可能是我記錯了。後來我才感覺到，先生認為我長期從事敦煌學研究，對敦煌文書相對比較熟悉，但對吐魯番文書還不是很熟悉，就用這種辦法讓我熟悉吐魯番文書。

了解了先生的委婉與含蓄後，我也時時提醒自己應該向先生學習，但西北人的直率總是無法改變，有時還會衝撞到先生。記得一九九九年年底前，快放寒假了我要回蘭州，也要將先生《敦煌吐魯番文書論叢》的最後校樣和後記帶回去，但先生的後記一直沒有寫，甚至連修改的時間都沒有。有一次我找到先生，希望先生第二天能改好後記，先生說次日要去參加一個座談會，我實在忍不住了就說：這樣的會可去可不去，您明天不去行不行。先生可能根本沒想到我會對他這樣說話，他看著我，過了一會才說：那我明天不去開會了，我們改稿子。

雖然我「勝利」了，但我非常後悔，內心也很自責，怎麼能這樣對先生說話呢！此後，我就一直在提醒自己，一定不能太直接、直率，要委婉一些、含蓄一些，但過後又忘記了。真的是江山易改，秉性難移。

先生應該知道我不是故意頂撞他，僅僅是性格使然。因此我二〇〇二年調到南京師大後，有次他來南師大講學，臨走時對我們的領導說：劉進寶是西北人，性格直率，如果有頂撞之處希望多擔待。並私下對我說：如果有不同看法或意見，最好下面溝通，不要當面指出，免得別人難堪或尷尬。

以上囉里囉唆地寫了我所了解的先生，這只是生活中的先生，學術以外的先生，而且僅僅是自己的感知，很不全面。獻給先生的八十

大壽，祝先生健康長壽！身心愉悦！

（本文原載《敦煌吐魯番文書與中古史研究——朱雷先生八秩榮誕祝壽集》，上海古籍出版社 2016 年版）

後　記

　　本書稿是在以前所發表論文的基礎上整理的，有的進行了少量增補和修改，絕大部分都保持了原樣。由於書稿所收文章涉及的時間較長，最早的一篇《略論高熲之死》是碩士學習階段在金寶祥先生指導下撰寫的。《隋末農民起義》、《隋末唐初戶口銳減原因試探》和《唐初對高麗的戰爭》也是一九八五至一九八八年攻讀碩士學位期間，在金先生指導下撰寫的碩士學位論文的有關部分，現一併整理出版，以紀念我的碩士生導師、著名唐史研究專家金寶祥先生。

　　由於本書所收論文的時間跨度較長，各個時期、各家刊物對參考文獻的注釋格式不完全一致。另外，由於各個時段所使用的史料版本不盡相同，在資料核查時儘可能做了統一，但還會有一些不統一之處，特此說明。

　　本書稿在整理過程中，得到了青年教師宋坤、秦樺林和博士生趙大旺、碩士生史文韜、侯妍君的協助，他們幫忙核查資料，校對書稿，尤其是宋坤、趙大旺費心較多。責任編輯宋旭華先生和責任編委馮培紅先生認真審閱了書稿，避免了一些錯誤，特表感謝。

劉進寶

2016 年 4 月 25 日

地域文化研究叢書・敦煌文化研究叢刊　A0204018

敦煌文書與中古社會經濟　下冊

作　　　者　劉進寶

版權策畫　李煥芹

責任編輯　曾湘綾

發 行 人　林慶彰

總 經 理　梁錦興

總 編 輯　張晏瑞

編 輯 所　萬卷樓圖書股份有限公司

排　　版　菩薩蠻數位文化有限公司

印　　刷　博創印藝文化事業有限公司

封面設計　菩薩蠻數位文化有限公司

出　　版　昌明文化有限公司

桃園市龜山區中原街 32 號

電話 (02)23216565

發　　行　萬卷樓圖書股份有限公司

臺北市羅斯福路二段 41 號 6 樓之 3

電話 (02)23216565

傳真 (02)23218698

電郵 SERVICE@WANJUAN.COM.TW

大陸經銷

廈門外圖臺灣書店有限公司

電郵 JKB188@188.COM

ISBN 978-986-496-466-6

2020 年 8 月初版二刷

2019 年 3 月初版

定價：新臺幣 360 元

如何購買本書：

1. 轉帳購書，請透過以下帳戶

合作金庫銀行 古亭分行

戶名：萬卷樓圖書股份有限公司

帳號：0877717092596

2. 網路購書，請透過萬卷樓網站

網址 WWW.WANJUAN.COM.TW

大量購書，請直接聯繫我們，將有專人為您

服務。客服：(02)23216565 分機 610

如有缺頁、破損或裝訂錯誤，請寄回更換

國家圖書館出版品預行編目資料

敦煌文書與中古社會經濟　下冊 / 劉進寶著.
-- 初版.-- 桃園市：昌明文化出版；臺北
市：萬卷樓發行, 2019.03
　冊；　公分
ISBN 978-986-496-466-6(下冊：平裝)

1.敦煌學 2.敦煌文書

797.9　　　　　　　　　　108003202

本著作物經廈門墨客知識產權代理有限公司代理，由浙江大學出版社有限責任公司授權萬卷樓圖書股份有限公司發行中文繁體字版版權。

本書為金門大學產學合作成果。　　　　　校對：陳怡君／金門大學華語文學系三年級